EL LIBRO DE NOÉ

EDITORIAL CÁNTICO

COLECCIÓN · LA FLORESTA

COLECCIÓN DIRIGIDA POR RAÚL ALONSO

cantico.es · @canticoed

Suscríbete a nuestro blog en

 **Medium** @canticoed

© Noé Garrido Cobo, 2025
© Editorial Almuzara S. L., 2025
Editorial Cántico
Parque Logístico de Córdoba
Carretera de Palma del Río, km. 4
14005 Córdoba
© Imagen de cubierta, imagen de falsas guardas
y fotografía de autor de Héctor Garrido

ISBN: 978-84-10288-43-0
Depósito legal: CO 1904-2024

Impresión y encuadernación:
Imprenta Luque S.L.

NOÉ GARRIDO COBO

EL LIBRO DE NOÉ

DESDE DOÑANA AL INTERIOR DE NUESTRA NATURALEZA

EDITORIAL CÁNTICO

COLECCIÓN LA FLORESTA

SOBRE EL AUTOR

Criado en la Reserva Biológica de Doñana, en estrecha relación con la naturaleza salvaje. De formación autodidacta y con marcado interés en el mundo natural y la cultura humana. Actualmente su hogar se encuentra en las montañas de la Sierra de Aracena, rodeado de vida silvestre tal y como creció.

El *Libro de Noé* es un texto del siglo II a. C.
que se consideraba extraviado. Ya no.

1

GÉNESIS

En un horizonte invencible se alzaban alcornoques centenarios, que soportaban el peso de miles de garzas, cigüeñas y espátulas, y los nidos. Al atardecer, el sol se posaba sobre el alcornoque como la garcilla bueyera se posa en el caballo. La tierra y el cielo reposaban unidos en el reflejo de la laguna. Lo recuerdo bien, aunque a veces parezca que lo imaginé. Era Martinazo, el centro de mi universo, Doñana. La casa de Martinazo era una atalaya blanca aislada en medio de la llanura salvaje. La marisma en invierno se divisaba como un mar infinito que las nubes creían surcar como peces. En verano se extendía como un desierto inhóspito, con cráneos de vaca mostrenca sobre las arcillas agrietadas y secas. El paso de las estaciones recogía y se llevaba las inundaciones. Y los cientos de miles de aves que refutan las fronteras. Bandos de flamencos en las aguas tan numerosos que parecían islas blancas y rosadas sobre la marisma infinita, que al levantar el vuelo cubrían el cielo como una llama roja de inverosímiles siluetas. En los alrededores algo menos profundos merodeaba andando sobre los juncos y la castañuela el calamón, un gallo azul de pico y patas rojas y largos dedos extraterrestres que utilizaba como manos. Los moritos, con su brillo verdoso e iridiscente y su fino y curvado pico de ibis batían en grupo la desbordante vida escondida bajo las aguas, así como las blancas espátulas de largo y plano pico y melena al viento. El somormujo bailaba sus danzas nupciales entre inmersiones subacuáticas, para al tiempo aparecer nadando con los pollos a la espalda, asomados entre las alas. Las garcillas bueyeras vigilaban posadas en los lomos de las vacas mostrencas que pastaban sobre las aguas su reflejo. Todos en su edén.

Los secretos de aquel mar de nidos flotantes y arcillas solo podían ser atravesados a lomos de un caballo marismeño, que rompía el agua con sus fuertes patas dejando atrás una estela efímera entre las flores blancas y flotantes de los ranúnculos. Hasta que la marisma se secaba y lo que quedaba atrás era polvo. Todo es cambio, pero Doñana más. Desde el paisaje hasta quienes lo habitan migrando desde paisajes lejanos. Años más tarde me daría cuenta de que toda la realidad es así, solo que en Doñana es más evidente. Las estaciones del año son viajes a continentes distintos.

Tras las arcillas de la marisma empezaban las arenas del coto. Aquello que no se anegaba del todo. Arenas blancas y puras cubiertas por un monte mediterráneo de arbustos aromáticos como el romero, la lavanda o el *almoradú* y salpicado de palmitos, brezos y lagunas temporales. Las lagunas del tiempo, en las que tanto tiempo pasé. Siempre gobernadas por un gran alcornoque. Algo alejados de la humedad de los brezos que cercaban las lagunas se erigían los pinares, densos y sombríos bajo la bóveda de sus ramas. Solo esta techumbre podía ocultar el sol. Más allá se volvía a abrir el coto, la marisma y la vera, este última el contacto entre ambos ecosistemas cual exuberante frontera, epicentro de vida fértil todo el año por el agua acumulada que soltaban las arenas sobre el límite con las arcillas. Allí se situaba aquel lugar donde se erigían alcornoques centenarios cuyas ramas soportaban el peso de miles de garzas, cigüeñas y espátulas y los nidos. Las pajareras. Las míticas pajareras de Doñana. Un lugar tan fantástico que no sé si vale la pena tratar de describir. La ciudad de los pájaros.

Majestuosos y retorcidos alcornoques en la vera colmados de corpulentos pájaros blancos y nidos y su algarabía, como el árbol en la noche es anidado por las estrellas. No quedaba una rama sin su garza, sin sus espátulas aterrizando con las alas abiertas, sin sus cigüeñas crotorando enamoradas o sin sus pollos pidiendo la merienda sobre el nido. Debajo de los alcornoques poblaban un lecho de helechos jabalíes, ciervos, vacas mostrencas o caballos salvajes, tortugas moras, erizos, meloncillos, zorros o el lince.

Al sur, en los días claros, se oteaba una muralla de arena danzando en los espejismos del horizonte. Eran las dunas móviles. El mar de dunas, que se tragaba los pinares a su paso y sepultaba los enormes pinos bajo las arenas como montañas que se mueven. En la cima de una duna se podían pisar las copas de los pinos enterrados por la casi imperceptible avalancha de viento y arena. En unos años la duna pasaría y solo quedaría al descubierto el tronco ya seco en forma de cruz. En Doñana lo más alto que hay es una duna, y allí arriba se dominaba la llanura invencible del coto, la vera y la marisma. Mirando atrás, a la espalda, más allá del mar de dunas, el ocaso dorado sobre el océano.

Tales mundos componían el universo de aquel Parque Nacional. Entre todo esto, allá en los llanos de la vera sobresalía Martinazo con el nido de cigüeña en la azotea, a dieciséis kilómetros de la civilización, en el corazón de la Reserva Biológica de Doñana. Era mi casa. Es y será mi patria.

La vida en Martinazo era una aventura diaria. Lo extraordinario era ordinario. Lo cotidiano de ir al colegio en un invierno lluvioso pasaba por cruzar en un Land Rover charcos tan profundos que sus olas pasaban por encima del parabrisas, sumergiéndose y emergiendo como un submarino. Alguna vez el coche quedó atascado en el centro de un charco, con el agua por la mitad de la puerta, y tuvimos que esperar naufragados a que viniera un tractor a rescatarnos. En Martinazo, una tapia blanca rodeaba la casa y, antes de entrar, usualmente, había que pastorear a los jabalíes que se colaban. Afuera de la tapia, un pozo coronado por una pequeña cruz de hierro, el cercado de los caballos y el zulo, lleno de mi colección de cráneos, eran los únicos vestigios de vida humana antes de la llanura salvaje sin fin, donde las manadas de ciervos y gamos pastaban alrededor de la casa. De niño pasaba los días buscando bichos debajo de los troncos y las aguas de las lagunas circundantes, observándolos en los terrarios y acuarios de la cuadra durante horas, fantaseando por el llano, encontrando huesos y cráneos como el que descubre reliquias de valor incalculable o cuidando de mi querido gallinero, santuario de mi infancia.

Y el lince venía a comerse mis gallinas. Y por poco no se come a mi hermano. Mi hermano pequeño, Iván, se lo encontró frente a frente cuando ambos medirían la misma estatura y se convirtió en el único niño traumatizado por un lince ibérico sobre la faz de la tierra. No podía dormir por las noches porque temía que el *gato con cuernos* entrara por la ventana. El lince había matado, por aquel entonces, a una hembra de gamo adulta a poca distancia de la casa. Y mi madre se asustó y acabó tirándole las pinzas de la ropa al lince para que se fuera, y las pinzas volaban y el lince no se iba, y nos miraba arrogante, pues era su territorio. Pero mis gallinas.

Y mi hermano y yo acabamos jugando con los primeros bebés linces del centro de cría en un intento de paliar su miedo, que no sé si se mitigó. Pero yo jugué. El lince, que se llamaba Zeus y fue un legendario macho viejo y majestuoso, murió ya de anciano al cabo de los años en lo que parecía el final. Y después de muchos años en los que creíamos que la historia había terminado, nos enteramos de que Zeus seguía en pie después de muerto, disecado en el National Museum de Edimburgo por un acuerdo con el Parque Nacional. Y mi padre viajó al reencuentro después de tantos años, y me llamó delante de él por videollamada, diciéndome que no creería la vitrina que tenía Zeus delante, para la que miraría para toda la eternidad. Giró la cámara y me mostró la vitrina de las gallinas disecadas. La realidad fue más surrealista que el surrealismo una vez más.

Aquel tendedero desde el que mi madre tiraba las pinzas de la ropa al lince, tan simple como dos palos sujetando un alambre, se alzaría aún más ilustre en la visita a Martinazo del actual rey de España, Felipe VI, cuando era príncipe. Siempre he estado rodeado de cráneos de animales. Mi colección de cráneos me envolvía en un zulo destartalado al lado de la casa al que llamábamos *el tallercito*. Sobre el maremágnum emergían unas vitrinas antiguas preñadas de cráneos perfectamente clasificados según el orden animal. La colección causaba simpatía entre los biólogos del Parque, que la agrandaban con aportaciones de sus expediciones científicas: un cráneo de oso hormiguero gigante de Sudamérica, un cráneo y un ala de pingüino de Magallanes de la Antártida, un armadillo disecado. Con tal panorama, cuando se supo que vendría el rey, mi madre me advirtió de que si me pedía ver la colección de cráneos nunca lo llevara por mi camino cotidiano que pasaba por debajo del tendedero, pues el zulo se hallaba separado de la casa, sino que diera un rodeo por fuera de la tapia. Cuando vino el rey y lo pidió, lo cogí de la mano y lo guie por mi camino natural de todos los días, es decir, por debajo del tendedero. El actual rey de España tuvo que agacharse y levantarlo para pasar, con bragas y calzoncillos colgados como adversidad inesperada en el camino hacia la colección de cráneos. Un niño no entiende qué es un rey, una frontera o una guerra. No ha malentendido todavía. Es libre. El niño es un filósofo innato.

La realidad es una ficción insuperable. Siempre me bastó. La realidad suele superar a la ficción, porque la ficción no es más que una mezcla imaginativa de las cosas de la realidad. Desde luego, en Doñana era la realidad la que se estaba imponiendo. Yo no tenía perro, tenía zorro, una zorrita entrañable llamada Linda, rescatada de cazadores y criada a biberón. Los dos cachorros humanos y el cachorro de zorro nos revolcábamos jugando en la arena en igualdad. En la azotea decidió vivir con nosotros un gigantesco buitre leonado bautizado Gordibuitri, que descendía con sus dos metros de envergadura a recibirnos cuando bajábamos del todoterreno a la vuelta del colegio. Cortés por lo general, protagonizó algún comprensible malentendido. Unos amigos vinieron de visita y se tendieron con mis padres a sestear en el llano. Las siestas primaverales en el llano de Martinazo podían ser interpretadas como un drástico genocidio, qué iba a saber él. Viendo cómo Gordibuitri descendía en círculos, los desperté con el buitre casi encima, que se abalanzaba con simpáticos saltitos. Supongo que para Gordibuitri fue presenciar una resurrección.

Más allá, mi universo se extendía a una suave y luminosa colina que asomaba entre las marismas del Odiel, en el pueblo de Aljaraque. El campo de mi abuela, donde, por ser mis padres jóvenes, tuve la suerte de pasar bastante tiempo. Allí vivía mi abuela cuidando sola un campo reluciente, pastoreando un gallinero palaciego, cultivando un huerto feliz, criando la tierra y sus lombrices como el más delicado tesoro. Con un estricto orden ecológico, aun desde tiempos en los que eso no existía. Allí iba yo ilusionado y, entre estas labores, mi abuela me contaba historias. Me contaba historias de cómo vivían los hombres primitivos, de comerciantes griegos y fenicios viniendo hace milenios surcando el Mediterráneo y encontrándose con las tribus de la Península, historias de buenos salvajes, de indígenas nobles, de indios de América. En otro momento podían ser las tragedias de la vida de Beethoven o Gaudí, o las invenciones de los Beatles. Me las contaba como si fuera un cuento, con el candor y el cariño con el que se cuenta un cuento. Yo escuchaba boquiabierto.

Aún me cuenta a veces la historia cuando yo me estaba quedando con ella en el campo, muy pequeño, y el día en que me recogía mi padre llamó para decir que no podía y se retrasaba. No me sentó bien y me entristecí, me cuenta mi abuela. Y además, trasteando por el campo me caí y me despellejé una vistosa herida en la rodilla, lo que terminó de desconsolarme. Entonces mi abuela hizo un emplasto de arcilla y me lo ató con una venda en la rodilla, mientras me contaba, como un bálsamo, un cuento sobre cómo utilizaban la arcilla para curarse los hombres primitivos, y cómo aprendieron a utilizarla observando a los animales dándose baños de barro cuando se herían o para limpiarse. Aún recuerdo el olor y el tacto suave y húmedo de la arcilla. Al final de aquel día de la herida, me recuerda mi abuela, ambos nos tumbamos por la noche en el borde elevado de la alberca a mirar las estrellas, y ella me contó cuentos y maravillas sobre las estrellas y el universo, y yo ya no solo no quería irme, sino que no quería estar en ningún otro lugar de la tierra. Mi abuela siempre me dice que desde niño tuvimos una conexión especial. Aun antes de que aprendiera a hablar, me dice. Que ya lo sentía en la mirada.

En todas las historias y el sentir de mi abuela se traslucía una profunda admiración por la humanidad, que ella me transmitía. Aquellas historias estaban llenas de profundos sentimientos de amor. Amor y asombro por la humanidad, por lo que es capaz el género humano. Por eso le dolía tanto su reverso. Recuerdo que una vez me contó que cada vez que cruzaba el largo puente que une Aljaraque y Huelva, que durante una época cruzaba a diario, contemplaba tan sobrecogida esos enormes pilares clavados sobre las aguas y las arcillas de la marisma, admirando que la humanidad hiciera algo tan hermoso, que sentía como si lo hubieran construido como un regalo para que pudiera pasar ella. En la misma conversación, hablando sobre la inmensidad del universo y el espacio estelar, me dijo con voz quebrada que cuando trataba de comprender por qué en este planeta, en vez de convivir todos juntos, vivíamos sumidos en guerras y sufrimiento, algo se rompía dentro de ella. Era algo que no podía comprender. Quizás hay cosas que se comprenden mejor no comprendiéndolas que comprendiéndolas. E incomprensión es comprensión. Si se ama, la humanidad es algo que duele. A mi abuela le dolía la humanidad. A mí también.

Conversar con mi abuela en la intimidad podía significar que te contara cosas así: «trabajando en el campo, de un lado para otro, muchas veces se me olvida hasta comer. Pero claro, el que crea se alimenta de su propia creación». O que, al regar, imagina que está pintando la tierra con agua. O que, de nuevo en el puente, sentía que la saludaba siempre la misma gaviota volando junto al coche. Y por eso es lo que es, porque todavía sueña. Y en eso consiste algo grande en la vida, quizás de las cosas más importantes. En todavía soñar.

Si queréis imágenes, una época vivió rodeada de pavos reales que aparecieron espontáneamente volando en el campo escapados de otras fincas. Criaron allí, libres y salvajes. Dormían sobre las ramas de un alto almendro. Otra época su casa se llenó de mantis y las trataba con ternura. Yo mismo les di de comer moscas de la mano. Otra época, que duró muchos años, mi abuela vivía en el campo sola con una mona, la Mona Lisa. Un cercopiteco de cara verde, rescatado otrora de un circo abyecto. La mona cenaba en la mesa con mi abuela, dormía con ella y rebuscaba en su pelo. Pero a mí me odiaba. Era mi archienemiga. El día que la Mona Lisa murió, mi abuela la envolvió en una manta, la enterró en un lugar señalado, y me dijo que lo había hecho pensando en mi colección de cráneos, para que algún día la desenterrara en el futuro. Hoy el cráneo reposa enterrado a la sombra de una antigua palmera. De momento.

Si queréis imágenes, ahí tenéis. Pero mi abuela está más allá de las imágenes. Sé lo que digo cuando digo que si perteneciera a alguna religión, la harían santa. Pero es tan santa que es atea. Está tan cerca de Dios que es atea.

Al otro lado del puente que cruza las marismas del Odiel habitaba mi abuelo en lo más alto de un edificio coronado por un pináculo blanco, como en la cima de una torre de marfil. Siempre me prohibió llamarle abuelo. Para mí y para todos es Manono, el nombre con el que balbuceé su nombre aprendiendo a hablar. Desbordaba un carisma arrebatador. Contaba chistes y era el que más se reía de ellos. Y se reía sinceramente. Siempre me gustó su capacidad de asombrarse de su propia creación, como si la hubiera hecho otro. Pero yo sé que tras el espectáculo hay un profundo desgarro. Lo sé porque en mí también. «Fíjate qué bonito poder decir que me he dedicado al cine», me dijo alguna vez orgulloso. Así había sido. Lo más icónico que rodó fue una serie de etnografía para televisión llamada *Raíces*, en la que documentó las tradiciones y el folclore de los pueblos de España. Un mundo que en esencia está ya extinto. Hay cosas que sobreviven porque él se empeñó en inmortalizar.

El afán de retratar lo llevó a recorrer el orbe. En la India entrevistó en las leproserías a Teresa de Calcuta, trataron de regalarle un elefante y Ravi Shankar le regaló uno de los sitares con los que le enseñó a tocar a George Harrison. Reliquia familiar. El sitar reposa en el campo de mi abuela, donde yo jamás vi a mi abuelo ni tengo recuerdo alguno de ellos juntos, aunque hubo un tiempo anterior a mí que yo no puedo imaginar en que lo estuvieron.

Manono tenía su pasión. Un día hablábamos de ella y le pregunté: «pero Manono, la pasión, ¿qué es?». «Lo único que merece la pena», me respondió ágil. Se emocionaba al hablar de arte, de literatura, de la antigua Grecia, de Mozart, de saberes y personajes populares, de vivencias, de historias humanas, dc la vida. Y hacía emocionar. Porque el que siente lo que habla hace sentir.

«Yo creo en seres superiores», me dijo alguna vez. Decía que rezaba a Mozart antes de dormir, o a Bach, al que llamaba Juan Sebastián. Veneraba a los que consideraba genios. Como veis, los héroes de la humanidad fueron los héroes de mi infancia.

Tras el cine llegó la escritura. Entre obras etnográficas y novelas acumulaba decenas de publicaciones, pero un día, hablando de su querido Quevedo, me dijo: «Quevedo me enseñó a hablar. A escribir no, porque todavía no sé». Hace algún tiempo, rayando la adolescencia, le pregunté si tenía algún consejo que darme sobre la escritura. Solo tenía una cosa que decirme. Me dijo vehemente: «sé tú». Bueno, eso es lo que estoy haciendo. Yo no escribo así, soy así.

Sé que no he hablado de mis padres. No por nada extraordinario, sino porque traería a este relato laberintos innecesarios, como toda relación entre padres e hijos. No es el momento ni el lugar. Pues, como se verá, no cuento lo que cuento por contarlo, sino para contar algo mayor.

Entretanto, me consagraba al descubrimiento de ese asombroso invento de la humanidad que es la escritura. Tan importante en la historia de la humanidad como en mi historia. Primero leyéndola y luego ejercitándola. Me recuerdo de niño devorando una gran colección de novelas de aventuras: *Robinson Crusoe*, *Sandokán*, *La isla del tesoro*, *Viaje al centro de la Tierra*, *Veinte mil leguas de viaje submarino*, *La vuelta al mundo en ochenta días*. Ahora comprendo que lo que estoy escribiendo recluido décadas más tarde es otra novela de aventuras. La novela de aventuras de mi vida. Porque unas veces se escribe escribiendo y otras se escribe viviendo. Es decir, a veces uno escribe y otras uno se escribe. Cuando uno ha vivido escribiéndose, solo hay que redactarlo.

En tierras salvajes crecí. Incontables horas de mi día a día pasé con una red y un bote en el caño de Martinazo y lagunas temporales, fascinado por el mundo extraterrestre que se escondía bajo las aguas. Peces, anfibios, pero, sobre todo, invertebrados acuáticos: escorpiones de agua, escarabajos depredadores, fósiles vivientes. La cuadra de Martinazo quedó inundada de terrarios y acuarios por los que pasaron confortables vacaciones innumerables criaturas, desde víboras a grillotopos, que luego volvían, más gordos, al lugar del que fueron abducidos. Los terrarios, y sobre todo los acuarios, eran una televisión para mí. Pasaba embobado horas.

No era inusual dormir con el tintineo de un escorpión en el terrario de la mesita de noche. Los buscaba bajo troncos y piedras con ahínco. A pesar de lo que se suele pensar, los escorpiones son criaturas bastante hogareñas. Pude observar que se pasan gran parte de la noche arreglando su casa. En la puerta de su cueva, en la arena, dedican tiempo a barrer y aplanar la entrada suavemente con su cola. Como hozando delicadamente en la arena pequeñas ondas. Para escarbar se alzaban sobre sus patas traseras disparando hacia atrás con las delanteras rápidas ráfagas de arena por el aire. Eso sí, se alimentaban de otros seres. Ante esta obligación, cazaba para ellos saltamontes o libélulas, libélulas rojas y brillantes o libélulas emperador, azules como el cielo y colosales, que navegaban por el aire como albatros. Aunque a veces, ante la necesidad de presas vivas, atrapaba una araña lobo o mantis religiosa y asistía boquiabierto al más espectacular anfiteatro. Auténticas batallas campales, como aquella en la que el escorpión sujetó con sus pinzas las patas delanteras de una araña lobo y le clavó el aguijón entre los ojos, o aquella en la que una araña lobo se revolcó con una gran mantis por todo el terrario hasta erigirse victoriosa.

En un terrario de cristal tan grande que podía caber agazapado yo, una lagartija colilarga pensaría que del cielo llovían saltamontes. Tan acostumbrada estaba que en cuanto oía abrirse la tapa se quedaba mirando al cielo, esperando filosófica. Le busqué una compañera y se enamoraron. Las lagartijas también se besan.

En las ramas del taraje del patio se mimetizó un camaleón, anacrónico dinosaurio. Le dejaba sobre las ramas cercanas libélulas, a las que disparaba su súbita lengua tras concentrar los dispares ojos sobre el mismo objetivo.

Otro terrario cobijó una gran culebra viperina, culebra de agua que almorzaba renacuajos. Su método de supervivencia es disfrazarse de víbora, la serpiente más peligrosa de estos lares, imitando su forma, piel, movimientos de ataque o bufido. Pero la culebra viperina ni tiene apenas dientes. Teatro aparte, su defensa es tan solo una glándula pestilente. Tras soltarla encontré bajo la arena del terrario huevos, lo que explicaba su gordura, de los que eclosionaron una adorable nidada de serpientes bebés.

Saliendo de la oscuridad de su cueva, un escarabajo de negras y mortíferas mandíbulas inmovilizaba a otro escarabajo acorazado y rechoncho. En el mundo vecino, un grillotopo demostraba que no excava, sino vuela en la tierra. Un terrario más allá, la hormiga león tallaba en la arena un cono de geometría perfecta en cuyo fondo del abismo esperaría ser una trampa mortal para los que cayeran. Un monstruo que se convertiría en una grácil e inspiradora criatura voladora, como una fina libélula de dos cuernos, como así las multicolores libélulas, antes de serlo, fueron durante años monstruos subacuáticos que disparaban su propia boca para atrapar víctimas en el fondo de la laguna. Rodeados de pulidos escarabajos acuáticos que nadaban peripecias con dos largas patas como remos y una burbuja asida al vientre que brillaba como nácar, o arañas que tejían su red dentro del agua, habitando solo dentro de los pequeños confines de una burbuja de aire. Cangrejos rojos, escorpiones de agua, insectos palo acuáticos con patas de mantis para cazar mimetizados, anguilas, gambusias, tritones y sus larvas con branquias para respirar como melenas de león, renacuajos de transformaciones sorprendentes en diferentes estadios, braquiópodos prehistóricos, caracoles de agua. Un sinfín de bichos y animales. Sin olvidar que no cesaba la búsqueda de cráneos, huesos, pieles de serpiente, huellas que escayolar, plumas, cuernas de ciervo, caparazones, conchas y demás tesoros de la naturaleza. Signos de la grandeza de la vida. Eran mis tótems.

A pesar de todo, este libro y la vida que lo escribió están atravesados a veces por una profunda melancolía. Sobre mi dolor, no sé de dónde viene, y si lo sé, es pronto para hablarlo. He aquí mi génesis. Lo que implica que para mí esto es lo normal. Mi casa, mi mundo. Lo extraño es lo de ahí fuera. Eso que llaman civilización. Años más tarde, en la inmensidad del desierto del Sáhara, en una expedición con los aissaoua, los encantadores de serpientes, le pregunté a mi padre por qué yo me llamaba así. Se tomó un silencio, miró al horizonte, me miró y dijo: «porque no había otra opción». Pues bien, así es mi vida: no porque yo crea que la vida deba de ser así, sino porque no hay otra opción. Lo que es, es. Eso es aquello que llaman destino, llegar a ser lo que se es. Para lo cual primero hay que descubrir quién se es. Mi nombre es Noé. Noé de Martinazo. Noé de Doñana. Todo tiene sentido. Solo es el principio.

2

EL PARÉNTESIS

Y ahí estaba él, una vez más, esperando con la diligencia de la costumbre la visceral erupción que redimiera otra noche de exaltación de la concepción universal de libertinaje. Hacía tiempo que le había declarado la guerra a su vida.

Cuando despertó entre espirales, se abrió paso a través de la densa maleza que lo separaba de sí mismo, y se sumergió en la nostalgia, rumbo a la pureza de su origen, donde los suspiros estivales desnudan los misterios de la vida.

Así comenzaba la novela que empecé a escribir entonces, en plena adolescencia. Cursaba mi primer año como estudiante de Antropología en Sevilla, o eso decía, cuando no sabía que la única novela que escribiría en mi vida sería mi autobiografía. No iba tan desencaminado. Constituye un retrato fidedigno de aquel momento. La adolescencia es un paréntesis.

Contaba catorce primaveras cuando una mañana se incrustó de improviso en mi pensamiento la simple curiosidad acerca de un eco extraño y lejano al que llamaban porros. Le comenté mis inquietudes a mi amigo Pablo, con el que comparto aventuras desde la guardería y decidimos lanzarnos a la experimentación. Acabábamos de entrar en el instituto de Almonte y no fue difícil conseguirlos.

Nos apadrinó un colega mayor que nosotros, Cristian, que ejerció de maestro de ceremonias. Nos vimos en un parque solitario y llegó un coche rojo al que entró solo él. Al rato salió con un chivato de una marihuana a la que se refería con reverencia como *oveja negra*. Desaparecimos a un callejón perdido y allí fumamos por primera vez. Recuerdo cómo Cristian me enseñó mi primera calada: «cuando tengas el humo en la boca, aspira como si ahora te pillara tu madre», decía inspirando con gesto de susto.

Con música se inició el rito de paso. A Pablo le subió el mareo, se apartó un poco de nosotros y apoyó la cabeza con el brazo sobre el muro del callejón. Le preguntamos preocupados si se encontraba bien, sin reacción. De repente alzó la cabeza y, sin decir nada, nos miramos, sonreímos y en lo más épico de la música rompimos a bailar al unísono. Danzamos y reímos. Más tarde paseamos por la plaza del pueblo alardeando de nuestro nuevo estatus y terminamos el día de noche, en la cima de una gran duna a la luz de la luna, vomitando entre fumadores expertos. Y así, con la inocencia de un simple paso, se cae en los abismos.

A partir de entonces el humo lo cubrió todo como en un desatado incendio. Fumábamos todos los días en cantidades industriales. Marihuana, hachís, polen, bellota. Lo que pilláramos. La papiroflexia se ejercía incluso en formas creativas: eles, uves, bigotes, flechas, tres papeles, cinco papeles, diez papeles tan kilométricos que necesitaban un alambre en su interior para sostenerse y cuyo contenido teníamos que mezclar en un bol. Pipas, *bongs*, cachimbas, melones, latas, suflés. A encerrarnos en un espacio pequeño y sellado para que el humo lo invadiera todo hasta no vernos las caras lo llamábamos submarino. Por supuesto, el alcohol entró en escena, aderezando míticos chungazos por las fiestas y festivales del orbe, desde el vómito hasta el desmayo. Cosechamos por la horda más de un coma etílico. Pablo fue uno de ellos, al que acompañé tras la ambulancia hasta el centro de salud donde despertó. Las toneladas desmedidas de tabaco apenas se apreciaban como inofensivo telón de fondo.

El pueblo de Matalascañas era una extensa urbanización costera al borde de Doñana de segundas residencias para el verano y en el invierno estaba vacía. Cinematográficamente vacía. Nos emboscábamos en un pueblo fantasma por los callejones, casas deshabitadas, parques solitarios o en el fumadero oficial de la comarca, mi cuarto, donde nos amontonábamos turbas pantagruélicas día tras día a comunicarnos por señales de humo. Pocos habrá de la zona que no pasaran por allí en aquellos tiempos sumergidos en densa bruma y cordilleras de ceniza.

Al principio era un juego de niños. Porque hay que desbordar ingenuidad para esconder macetas de marihuana trepando por los edificios y tejados ajenos. Eso hacíamos. Todo comenzó cuando descubrimos que los mayores del instituto desechaban las semillas de los cogollos en el mismo lugar del patio del recreo, donde germinaban. Las trasplantamos y trasladamos de pueblo en el autobús del instituto en una sofisticada y frenética operación. Como nuestros padres ni siquiera sospechaban, era impensable llevarlas a nuestras casas. Así que nuestra resolución obvia y natural fue esa: ocultarlas en macetas en los tejados de segundas residencias y azoteas de edificios, donde pretendíamos cultivarlas de incógnito. Para lo cual redacté un exhaustivo contrato detallando las cláusulas y responsabilidades de los miembros del grupo respecto a las plantas, contrato que todos firmamos y aún conservo.

Uno de los supuestos escondites era la azotea del edificio de siete plantas de mi amigo Héctor, no en el suelo, sino sobre la fina cubierta de los balcones que sobresalían del último piso, suspendidos sobre la nada. Ahí se apostaba la maceta que rondábamos cada día. Nos encaramábamos a la azotea, lo cual era ya una peligrosa empresa porque la puerta al exterior desde la escalera estaba cerrada con llave y teníamos que trepar por el alféizar de una ventana colgada sobre siete pisos. Una vez arriba en la azotea saltábamos el muro que la bordeaba y nos separaba del vacío para aterrizar sobre el techo del último balcón. En ese escaso metro cuadrado, sin barrera alguna hacia el abismo, a una altura de vértigo, estaba la maceta y el pequeño brote. Una ligera brisa de viento o un resbalón por el inclinado suelo bien habrían reducido la extensión de estos capítulos. Ninguna de aquellas matas superó el palmo de altura, algunas sorprendidas por vecinos estupefactos.

Poco a poco ascendimos, catapultados por el contacto cotidiano con la estrafalaria y subterránea fauna humana con la que lidiábamos. Era el tiempo de los canis, especie ya extinta. He reflexionado sin éxito sobre cómo describir a un cani. Criaturas vandálicas con peinado de monje medieval que, enfundados en chándals multicolores y repletos de oros, patrullaban como jinetes en sus motos los rincones más oscuros de la sociedad y la mente humana en busca de la entrada más cercana a la cárcel. Era un complejo entramado de ritos sociales. Una subcultura, reglada por códigos y leyes no escritas sobre quién inauguraba un canuto o remataba una chusta o cuándo el porro se pasaba o cómo se compraba al camello o esquivaba a la Guardia Civil. Con el tiempo algunos de nuestros padres se resignaron ante la evidencia y plantamos en condiciones. En realidad, acabamos siendo parte de la fauna. Hasta acabar vendiendo hachís yo mismo, cosa que no financiaba nada, pero daba para el autoconsumo. Por la *botellona*, aquella joven muchedumbre ya ilegalizada que se hacinaba espontánea cada fin de semana de verano, entre las botellas voladoras de las peleas, los arrecifes de botellas del suelo y los meandros de su contenido, iba vendiendo mis bellotas o placas de polen con personalidad y simpatía. Arrogante y altivo, iba inflado de orgullo y soberbia. Todavía la vida no me había dado las hostias que me daría. Pero me las daría. El mundo era nuestro. Nos sentíamos los reyes. Los reyes del inframundo. De ese niño que acariciaba con su red la laguna en busca de especies inexploradas, aquel que saltaba eufórico al encontrar un hueso blanco en el llano; de ese niño que, entre jabalíes y ciervos, era un animal más contemplando el rojo atardecer apagándose sobre el horizonte, parecía ya no quedar nada.

Sin embargo, un haz de luz se filtraba en la oscuridad. Envuelto por el templo de mi cuarto, en las soledades magníficas de aquella humeante atmósfera, comencé a escribir. Había descubierto el rap. En un cavernario pueblo de la Andalucía profunda donde nadie lo había escrito y grabado antes.

Las letras evolucionaron, como aquel pez ancestral en la primera salida del agua. El vacío adquirió profundidad, como la laguna llena por las lluvias otoñales. Escribí mucho y grabé poco. A solas con un micrófono rudimentario en las treguas del atestado cuarto se inmortalizaron las primeras y desastrosas grabaciones. Mi único compañero de idiosincrasia era mi amigo David, que al poco se mudó a Granada. Desde la distancia compartíamos letras. Y también confeccionaba bases cojonudas con *samples* que yo le enviaba. Experimentábamos como podíamos. Nadie nos enseñó nada.

Hasta que llegó Alfonso con su pulcritud y puso algo de orden. Nos conocimos en una de aquellas nocturnidades memorables y desde entonces también compartimos andanzas hasta hoy. También rapeaba, estudiaba como técnico de sonido y había montado un estudio de grabación en su casa, al que nunca consiguió que mi insensatez acudiera, a pesar de su insistencia. Como yo no iba, vino él. Aparecía en mi cuarto e imponía una sesión de grabación sin escapatoria. Afortunadamente. Las dos únicas grabaciones dignas de aquella etapa fueron por él.

«Psiquegrafías» fue el último tema que grabé, cuya letra en parte rezaba así:

Conquistando vida
bajo el dorado bostezo de Urano
descifrando el plano de la ruta del humano
hacia sus veintiún gramos.
Tramo senderos que penden de una esfera
en constante giro, entre pirómanos del tiempo de esta era.
Fugitivo de mis sentidos, sumergido
en el caos de un océano de vaho parido por un pistilo
sigo día a día dialogando conmigo
en esta guerra civil entre un chaval y un filósofo clandestino
atrincherado ante su misantropía,
hegemonía de la barbarie que secuestra la utopía.
Diluvia... Tertulia entre alma y mente en un humano
bordando lluvias de ideas en las lágrimas de Urano.
Ya no tienes límite dinero, tirano
asesino del espíritu en manos del ser urbano.
Ya no tienes límite dinero, tirano
asesino del espíritu en manos de mis hermanos.

El rap me instruyó en el dominio del lenguaje. Aún hoy me parece sentir a veces en la escritura el ritmo de aquella cadencia. Las raíces profundizaron, se adentraron más allá de donde el rap podía llegar. Entre la maleza de reflexiones sociopolíticas, aforismos, la novela nunca terminada o, incluso, un guion de una parodia documental etnográfica, fui encontrando la senda. Era el tiempo de la creación de la *creación*.

En el instituto, donde hacía poco más que hincharme a fumar, liarla, saltar clases, escribir rap en los cuadernos de las asignaturas y aprobar por la gracia divina, se gestaba una incipiente y torpe rebeldía, aún sin causa. Como una bestia desorientada, embestía contra todo. Un día, por ejemplo, uno de esos profesores que marcan de por vida, Andrés Lomeña, puso como tarea en clase de Filosofía hacer una redacción sobre la cultura almonteña y leerla en clase. Al momento, rellené la carilla de un folio y levanté la mano pidiendo leerlo. Almonte es un pueblo conocido por su devoción sísmica a la Virgen del Rocío. Con los hijos de esa devoción vertebrando mi clase, me dispuse a leer en voz alta la redacción, que todavía conservo.

Empezaba:

> La cultura almonteña se basa en el culto al tótem de la tribu, una escultura de madera zoofílica con cierto gusto hacia las palomas, a la que pasean por la aldea una vez al año en un ritual pagano evolucionado o camuflado en catolicismo en el que se hacen ritos como comprobar la virilidad en la relación entre alcohol ingerido y blasfemias descuartizando el lenguaje dichas por minuto.

Y acababa:

> Los expertos creen que el *Homo neanthertalensis* antes de extinguirse se cruzó en Almonte con el hombre de Cro-magnon, lo que ha dado lugar a esta subespecie de homínido.

Levanté los ojos sobre el papel hacia la clase pensando que de esta no saldría vivo. Para mi sorpresa, lo que me apaleó fue una avalancha de sonoros y efusivos aplausos. Excepto el profesor, que se retorcía de risa sobre el pupitre. Decidí leer la redacción de nuevo explicando el significado frase por frase. Tuvo que acudir la jefa de estudios a poner orden.

Otra vez, me expulsaron tres semanas del instituto, y no por los motivos legítimos por los que pudieron expulsarme. Un colega que estudiaba en Automoción como mecánico me pasó en el recreo una fotografía clandestina de cómo les mandaban a tirar en clase el aceite quemado de coche por el desagüe. Decidido e ingenuo, agarré el móvil y me fui a reunirme con el director del instituto para alertarle. Nuestra relación ya tenía turbulentos antecedentes. Entré en su despacho y me senté frente a él al otro lado del escritorio. Le expliqué, le enseñé la foto, asintió y me pidió el móvil para verla más de cerca. Inesperadamente borró la foto, me reprendió y amenazó con expulsarme por no estar permitido tomar fotografías dentro del instituto. A lo que estallé con una impetuosa y enrabiada ristra de improperios. Con esa excusa me expulsó tres semanas de un trimestre que duraba poco más. Algunos profesores, en disconformidad, me dijeron que podía acudir a sus clases de incógnito. Por llevar la contraria, aparecí de vez en cuando durante la expulsión.

En el fragor de estas vorágines, mi padre tejió un plan como contrapeso. Llevarme como ayudante a las expediciones científicas. Un plan que ya había funcionado antes. Con él mismo. Mi abuelo lo secuestró tiempo atrás en sus rodajes cuando suspendió el bachillerato, en lo que podría considerarse ya una tradición familiar. Ahora el ciclo se repetía. Hoy sé que las semillas germinaron.

Recorrí el mundo. Las playas de las islas de Cabo Verde en el desove de las tortugas marinas con una asociación protectora. Los campos, aldeas y familias rurales de Marruecos en la búsqueda de un ave declarada extinta, el torillo, que demostramos no lo estaba. Los artistas, la decadencia y las contradicciones pintadas en las paredes y calles de La Habana. Conocí seres humanos que pueblan los rincones olvidados de la tierra. Vi gente que no tenía nada y me ofrecía todo. Vi injusticia en que gente no tuviera nada. Avisté que tenía que haber otro mundo posible.

Pero a pesar de los rayos de luz entre el humo, el desenfreno seguía. Una caída representó mi caída. Cuando, ya estudiando en la universidad, me partí un brazo ciego de absenta en la nocturnidad de la calle Betis, en Sevilla. Y quedó grabado. Los graciosos de mis amigos montaron varias versiones musicales y conceptuales del vídeo. Con el brazo colgante como un tentáculo, tras cierta resistencia balbuceando que estaba bien y que había gente que la necesitaba más que yo, me subí a la ambulancia. El enfermero se sentó en la esquina más alejada de mí, vigilándome de reojo algo incómodo. Tras un largo silencio en el trayecto, le pregunté vocalizando etílico: «quillo, en realidad estoy perfe. ¿Tú sabes lo único que me haría falta ahora en verdad?». Me miró algo abochornado. Mi continuación fue tajante: «¿tú no tendrás un cigarrito?». Llegué pasadas las cuatro de la mañana al hospital y entre las radiografías abrazaba a los médicos exclamando por aquellos pasillos que la sanidad pública era la polla. En el informe médico se lee: «Buen estado general, fetor enólico». Busqué la definición y significa peste a alcohol.

Recuerdo otro día, en Sevilla, que salía del supermercado de hacer la compra. Era un agradable día soleado y cuando vi un banco al sol de camino al piso solté las bolsas de la compra, me subí en él y encendí un cigarro. Me senté encima del respaldo, con mis pies apoyados sobre las maderas del banco. Fumaba inmerso en mis pensamientos y escuchando música en los cascos, cuando un señor mayor se puso a gesticular delante mía y a señalarme con el bastón. Entonces, impactado, me quité uno de los cascos y lo que alcancé a escuchar que ese señor me decía fue «el egoísmo se manifiesta de muchas formas», mientras señalaba con su bastón mis zapatos, apoyados por mi postura en la madera del banco donde luego se sentaría gente. Ni me había dado cuenta. Callé, apagué el cigarro, cogí las bolsas y me fui. Me dejó pensativo. Pensativo hasta hoy. Ha llovido desde entonces.

Ya no prestaba mucha atención a la colección de cráneos. Un día entré al tallercito y ya no estaban. Ante las confusiones de aquella etapa, mi padre en un enigmático arrebato la había donado a la colección científica de la Estación Biológica en Sevilla. Sin previo aviso. Es una pena, porque mis preferidos eran los más minúsculos y hubiera sido fácil guardarlos: un cráneo de camaleón, un cráneo de culebra bastarda con todos los dientes, uno de calamón con la funda roja del pico y otro de frailecillo con la funda de colores intacta, o los de flamenco. Solo sobrevivió alguno que había trasladado temporalmente a mi cuarto. Había que volver a empezar. Y empecé. Salí indemne de la humareda, como se sale de una gran explosión o un incendio.

Casi me perdí. Pero no. Supongo que a veces hay que perderse para encontrarse. Un paréntesis siempre tiene un final.

3

EL RETORNO

Como tras el brote de las primeras flores en la primavera, todo empezó a cambiar. Por circunstancias de la vida en el coto la casa pasaba meses sin nadie, pues mi padre andaba ya asentándose por otros continentes y, quizás por la intuición de que podría terminar, sentí el impulso de acudir a pasar largas temporadas solo. Precipité una serie de firmes decisiones. Primero dejé los porros. Luego dejé el tabaco. Luego dejé de beber alcohol. Luego dejé de tomar café. Luego dejé de tomar hasta té. Y luego aspiré casi a la fotosíntesis.

Empecé a peregrinar diariamente por el horizonte. Exploraba cotos y marismas, dunas y lagunas o cavilaba sobre ramas de alcornoques centenarios. Escalando a lo alto del retorcido y majestuoso alcornoque 206, el más colosal que a mi juicio queda en Doñana, leía y divagaba mientras de las ramas caían las bellotas por las que venían los jabalíes y los ciervos. Sus ramas eran tan largas y robustas que se curvaban por su propio peso hasta casi tocar el suelo, de modo que uno podía subirse a la monumental copa ascendiendo por las ramas desde el suelo como por una escalera. Una época me dediqué a recolectar sus bellotas agitando desde el suelo las gigantescas ramas. Luego las germiné y diseminé el linaje por lejanos lugares. Hoy hay hijos del 206 en

Aljaraque, Sevilla o la Sierra de Aracena. Hijos de un dios, un dios un día serán. Poderosa dinastía es.

Por lo salvaje expedicionaba, descubría y apuntaba. Nunca seguí los caminos humanos, sino los animales. En el campo hay intrincadas redes de carreteras que suelen pasar desapercibidas. Entre las lavandas, aulagas o jaguarzos del matorral mediterráneo o en la llanura abierta de la vera, si se mira con atención, hay finas rayas en la hierba que dejan ver la arena blanca, como relámpagos que recorren el suelo. De entre todo el ancho espacio que abren los llanos y los matorrales, los animales de las distintas especies se organizan para transitar por las mismas rayas en la tierra, de no más de un palmo de ancho. Eran mis caminos.

Siguiendo las laberínticas sendas, pasando más allá de donde se cierran tortuosas y selváticas, donde a veces hay que arrastrarse bajo el bosque negro de los brezos para avanzar, se encuentran las ciudades de los jabalíes y los ciervos. Sistemas de túneles excavados en océanos macizos de zarza, con claros despejados y espacios comunes, como ágoras públicas. Si se sigue penetrando aún más, donde solo una tenue luz dorada se adentra entre los muros de zarza y un olvidado árbol, hay en estas soledades lugares tan inexplicables, que si no fuera porque los animales son tan sabios que no los necesitan, diríase que son sus santuarios. Sobre la hierba dormitan blancos huesos. Muchos acuden allí a morir, a lo profundo.

Por tales sendas exploraba y exploraba. Y entonces vi. Vi un pino floreciendo mientras la duna lo sepultaba. Vi que las gotas de rocío nidifican en las hojas de las plantas. Que los rayos de luz crepuscular lanzan la sombra del filo de los cráteres de las gotas de lluvia sobre la arena hacia el infinitesimal horizonte. Que el viento en la duna empuña la planta y escribe en la arena círculos perfectos. Que se avanza entre los pensamientos como entre las malezas salvajes: o abriéndose paso, o siguiendo las sendas de los animales. Que mientras mis botas huelan a matorrales aromáticos, mi rumbo será el correcto. Que la mansión del zorro es solo arena. Que las lagartijas dibujan en la arena sus vidas. Que mis décadas son segundos para el árbol milenario. Que segundo a segundo se forja la historia. Que pocos pueden reconocer un árbol milenario cuando todavía es un pequeño brote. Que el alcornoque caído no muere, sino que se hace escultura. Que hay supernovas en los epicentros de las flores. Que hay nebulosas en los ojos de los sapos. Que la cigüeña coloca las ramas en su nido reflexivamente, como dando sutiles pinceladas. Que el mundo entero se encuentra en el reflejo del sol poniéndose en el ojo del águila. Que el tornado más titánico es solo un mero aprendiz del mosquito primaveral; pero estos eran mi aureola, no mi molestia. Que los pinares son templos de miles de columnas. Que la creencia es como el contraluz del crepúsculo; extasía, pero no permite ver con claridad. Es la ausencia de luz lo que crea la belleza de sus siluetas. Que la finitud encarcela al lenguaje.

En realidad no vi, sino que volví a ver. Conocer es recordar.

Ya desde hacía años, desde aquellas vivencias adolescentes, reflexionaba y escribía sobre cómo cambiar el mundo. Creaba mi propia concepción. En una de aquellas míticas noches de San Juan, la noche de verano que celebrábamos cantando, riendo y saltando por las enormes candelas que encendíamos entre la playa y la luna, topé con un punto de inflexión.

Si conseguí un trato con el librero que regentaba el único puesto veraniego de libros del pueblo o si fue una apuesta o una especie de intercambio, no lo recuerdo bien. Lo que sí es claro es que acordamos que al día siguiente yo pasaría por el puesto y me regalaría el libro que yo eligiera. Entre las imponentes llamas de la hoguera bajo el cielo estrellado, escogí intuitivamente el *Zaratustra* de Nietzsche, del que apenas había escuchado nada. Ese libro me cambió la vida. Terminé de leerlo y, si acaso entendí algo, no fue más que: «esto es. Este es el camino».

Como el martín pescador rompiendo en picado el espejo del agua, me sumergí en el vasto campo del conocimiento humano, como autodidacta. Historia, Filosofía, Arte, Ciencia. Los grandes sabios del pasado. Leía a Nietzsche, Darwin, Descartes, Platón o Aristóteles como si fuera el primer hombre en la tierra que lo había hecho. Las mitologías y cosmogonías de las culturas antiguas. Los presocráticos, Sócrates, Diógenes Laercio y su *Vida de los filósofos ilustres*. Con Diógenes de Sinope trabé íntima amistad. Cuando los dioses eran hombres. A la vez, entrené mi escritura curtiéndola en el ejercicio del aforismo. Apunté:

> cuando toda la arrogante civilización mire al cielo y sienta su infinita insignificancia, el mundo será libre del humano. Cuando toda la humanidad se mire a sí misma y sienta su infinita trascendencia, el humano será libre de sí mismo.

Conforme descubría a la humanidad, legitimaba su existencia. Los seres humanos declaran guerras, sí. Pero está Beethoven sordo y desesperado componiendo la Novena Sinfonía. Mozart en la miseria y enfermo componiendo el Réquiem poco antes de ser arrojado a una tumba común. Los Beatles. Cervantes soñando en una fría prisión el idealismo eterno del Quijote.

Los gobernantes se vanaglorian apáticos y mediocres, sí. Pero tenemos a Sócrates condenado a muerte bebiendo en paz la cicuta. A Mandela tras décadas de cautiverio predicando el perdón y la reconciliación hacia quienes lo encarcelaron. A Jesús crucificado exhalando: «perdónalos, porque no saben lo que hacen».

La codicia devora el porvenir, de momento. Pero tenemos a Diógenes de Sinope, cuyas únicas posesiones en la vida eran una túnica, un báculo y un cuenco, arrojando el cuenco porque había visto a un niño bebiendo con las manos y ese niño lo ha superado en sencillez; pidiendo limosna a las estatuas para acostumbrarse a ser rechazado. A Nietzsche en Turín abrazado a un caballo cayendo sin retorno en la locura tras una vida resistiendo la más solitaria incomprensión. A un acto de bondad cotidiano y anónimo de cualquiera de nosotros.

Las cimas del ser humano. Las cosas que justifican que la humanidad exista. Decir esto hoy es casi subversivo, pero hay grandeza en la humanidad. Vale la pena luchar. Tiene que haber otro mundo posible.

En el retorno del coto, aún lejos del mundanal ruido, el mundo era algo que dolía. La humanidad duele. Había viajado y visto fronteras. Pero observaba a los animales y las fronteras no significaban nada para ellos. Las gaviotas volaban de un lado a otro sobre la frontera con Marruecos. Los animales migratorios las refutaban aún más. Pero los animales callaban sabiamente su sabiduría. Veía que las fronteras creaban guerras, conflictos, devastaciones. Veía que las concepciones del mundo batallaban entre sí, pero que la naturaleza era una. Veía en el dinero un mero metal o papel con un significado que nos gobernaba a nosotros en vez de nosotros a él. Cuanto más comprendía, menos comprendía. Cuanto más comprendía a la naturaleza, menos comprendía a la humanidad. Reflexionaba y escribía incansablemente, siempre portando un pequeño cuaderno en el bolsillo por mis exploraciones campestres. Concebí mi obra. No como una sola obra o un conjunto de obras, sino como la obra de mi vida. Una teoría que llegara hasta las últimas consecuencias. Una teoría no hecha desde la comprensión de las cosas de la civilización, sino desde la más absoluta incomprensión. Lejos de las tribus, en la soledad, donde habita la creación. Donde solo estoy solo con mi ausencia, aunque cuando mi ausencia se presenta sea aplastante. Solo entonces mengua a sacrificio. Siempre fui consciente de que la vida que me había tocado vivir representaba un gran poder. Pero lo asumí también como una gran responsabilidad. Mi abuela me dijo que el mundo necesita un salvaje. Decidí dedicar mi vida a reflexionar sobre los fundamentos del mundo, pues entendí que el mundo solo podría cambiar desde sus fundamentos. Y hacía mucho que sabía que el mundo tenía que ser cambiado.

La resolución fue inquebrantable. Esa es mi tarea, mi cometido, mi compromiso. Lo que he venido a hacer a este mundo. Así será hasta que el sol se ponga bajo el horizonte para no volver a resurgir. Como el titán Atlas de la mitología, cargué el peso del mundo sobre mis hombros.

A los veintiún años finalicé un primer texto árido y angosto: la «Circunnavegación Metafísica». El armazón primigenio de una teoría de la humanidad. Dejé la universidad. La carrera no me dejaba estudiar, o eso decía. Quería concentrarme en escribir. Mi familia orquestó una larga y coordinada campaña de desgaste contra mí por esta decisión. En aquellos tiempos hubo puntos duros. Me costó acostumbrarme a no necesitar que nadie creyera en mí, a ser el único que creía en lo que hacía. Así como el recordatorio constante por parte de todos de que no lo conseguiría, de que iba a fracasar. Pero me mantuve firme. Tenía la certeza, como ahora, de cuál era el camino. Sabía que lo conseguiría a cualquier precio. Rompí puentes. Salté al vacío. En los próximos años perseveré en la teoría y en hallar la forma literaria, el estilo. Mi voluntad era inexpugnable. El rechazo es el bautismo del artista.

Con la tribu de los jabalíes fui confraternizando. Hasta que llegó el punto en el que si salía a la puerta de la casa y soltaba un peculiar silbido, aparecían sobre el horizonte corriendo hacia mí cuatro jabalíes salvajes, en polvorienta estampida. Mis cuatro amigos jabalíes: Pumba, Timón, Pequeñito y Periferio. Acariciaba su áspero y grueso pelaje y los mimaba con cariño. Pumba, inconfundible, era el comandante en jefe. Una mirada afable lo delataba entre el espeso pelaje de mechas rubias que pintaban su cara, como dos brillantes lagunas en el monte. Era el más confiado y extrovertido de los cuatro. El primero que aparecía liderando la estampida cuando los invocaba y el último que se levantaba de las largas siestas en el jardín, donde le hacía cosquillas en la barriga. Además, era el más grande en tamaño. Para rematar su carisma, alguna vez paseando por el campo le sorprendí en lo que me pareció plena experimentación homosexual e incestuosa con Timón, quebrando los eruditos e inexistentes tabúes de su tribu.

Timón, su compañero fiel, era el subcomandante y segundo al mando. Seguido en jerarquía por Pequeñito y Periferio, cuyos nombres ilustraban sus temperamentos. Son seres de estructura social compleja, vivaces, sociales y parlamentarios. Siempre con el simpático trote que les caracteriza van hablando, intercambiando impresiones, emitiendo los sonidos y palabras de su rico y expresivo lenguaje. Charlando sobre la vida.

Pero lo que más ama un jabalí en la vida son los baños de barro. Baños de arcilla que no son una rusticidad, sino aristocracia. Son unos sibaritas. Construyen sus propias bañeras, *bañas* en la arcilla, a la vera de las lagunas. Ahí se revuelcan durante horas y purifican y desparasitan, como en aquel recuerdo de niño, cuando me abría una herida cayéndome en el campo de mi abuela y ella me adhería un aparatoso emplasto de arcilla en la herida explicándome estas cosas. Las propiedades de los baños de barro estarán. Pero cualquiera que haya visto a un jabalí en su jacuzzi de barro no puede negar que los embriaga el placer. Es una fiesta animada por los constantes marujeos de su curioso idioma.

Muchos días aparecían estos cuatro en el jardín justo después de su sesión sibarítica y me divertía que, con la arcilla aplastando todo el grueso pelaje hacia la misma dirección, parecía que vinieran perfectamente peinados para una ocasión especial, con el pelo hacia atrás como clásicos mafiosos sicilianos. Además, el tramo entre la valla exterior y la entrada de la casa se recorría por una plataforma de tablas de madera, y el sonido hueco del paso de las pequeñas pezuñas, junto con el estilo recto de aquel tablado, evocaba una pasarela de modelos. Me hicieron reír mucho. Lo pasamos bien.

La gata, bautizada Doña Anita, apareció un día escuálida, quizás transportada por accidente en el motor de un coche desde el mundo exterior. En aquel ambiente inverosímil se hizo carismática. Su maullido sonaba como la berrea de un ciervo, lo que se crio escuchando. Impuso su ley a los jabalíes, que le temían. Con el zorro, que era lo más parecido que había conocido a su especie, trataba de entablar amistad o noviazgo, revolcándose sugerente frente a él ante su mirada desconcertada. A Doña Anita le dio por unirse a mis largas expediciones por el coto. Y ahí estábamos la gata y yo recorriendo las lagunas ignotas, la marisma, el monte infinito, escalando alcornoques centenarios. Cuando llegábamos a casa, a la caída de la tarde o ya de noche, se tumbaba en la puerta exhausta.

También me hice amigo de un zorro salvaje, Señor Zorro, algo más distante, pero que también acudía a la invocación. Enseñar a todos el mismo silbido fue un error tumultuoso, porque a la misma llamada aparecían los jabalíes por un lado, el zorro por el otro y la gata en medio desafiando a los pacientes jabalíes, todos juntos en el patio de la casa en apoteósica estampa.

Como el bando de flamencos posándose en la marisma sobre su reflejo, retorné a lo que soy. Lo que es, es. Y lo que soy es Doñana. Acuarios y terrarios volvieron a inundar las estancias, poblados temporalmente por fantásticas criaturas. Escarabajos acuáticos, larvas de libélula, cangrejos rojos de río, culebras de escalera, tortugas moras. Mención especial merece el bueno de Señor Snorlax, simpático y gordo erizo que vivía en el patio, que tragaba los gusanos que le ofrecía como si fueran espaguetis. O un nóctulo gigante, la especie de murciélago más grande de Europa. O musarañas, el mamífero terrestre más pequeño del planeta, diminutos cazadores insectívoros que necesitan comer cada pocas horas para vivir, y que me aclararon que tengo su metabolismo.

Y volví a acariciar con la red las nubes de la superficie de la laguna. Pero esta vez, a veces, no estaba solo. Pues a mi hermano más pequeño, Leo, se le contagió la fascinación por esos mundos. Y salíamos juntos con los cazamariposas y los botes a desvelar los misterios de criaturas silvestres como nosotros. Leo aún era un niño pequeño de seis o siete años, casi más pequeño aún que los jabalís que lo intimidaban. Pero creo que lo que vivió allí lo marcará intensamente. El tiempo dirá. Es una realidad que fue y será el último niño que aprendió a andar en las arenas salvajes de Martinazo. Y eso siempre le acompañará. Esas arenas atrapan por los pies a quien las pisa. Y sí, empecé de nuevo la colección de cráneos, entre imprudentes peripecias. Pero eso es algo que me reservaré para contar una vez pasen unas prudentes y legales décadas. Además, florecía una irrepetible historia de amor. Entre la búsqueda de la teoría y otras cuestiones.

Así transcurrieron estos recuerdos. Estos fueron, quizás, los días más felices de mi vida.

Y en el apogeo del salvajismo irrumpió el exilio, de cuyas circunstancias no quiero acordarme. Ya no queda nadie en Doñana. Solo algún último indígena que la lleva dentro, más allá. El último atardecer que nunca viví siempre estará conmigo. Y atardecerá en mi pecho. El último día estábamos en Martinazo mi padre, mi hermano y yo recogiendo y quemando los últimos trastos que quedaban alrededor de una fogata. Más que caer, flotaba por el aire una fina lluvia primaveral. De repente, cesó la lluvia y quedamos impresionados ante un gran arcoíris cuyo arco se extendía completo por la llanura de Martinazo, con la casa justo en medio. No lo entendía. Pero comprendí. Estaba claro. Se selló el pacto.

4

EL EXILIO

El día de la salida definitiva del coto era ya de noche. Me bajé del Land Rover en Matalascañas y entré en la casa de mi madre, directamente al salón. En la televisión estaba puesta la película *Gladiator*. Acababa de dejar a todos mis amigos animales en Doñana para no verlos más. La escena que salía en la televisión en ese momento era justo en la que el gladiador Juba le dice a Máximo Décimo Meridio: «volverás a verlos. Pero aún no. Aún no». Brotaron las lágrimas.

Es curioso, porque la última noche que pasamos en Doñana fue la única noche que los jabalíes durmieron en el patio, y no se fueron a sus quehaceres nocturnos. Aguantaron toda la noche y al día siguiente, mientras cargaba los últimos bártulos de toda una vida, persistieron Pumba y Timón, casi cortándome el paso en ocasiones. Algo sabían. Mientras cargaba cosas me detenía y trataba de explicarles. Qué difuso se ve el mundo a través de una lágrima.

De la noche a la mañana me vi desterrado de mi tierra, a la que me impedían entrar vallas y cancelas, y me convertí en un exiliado. Encarnaba la extinción de una especie, la del ser humano en Doñana, de la que éramos los últimos vestigios. La expulsión fue total. Junto con el clan de los Ibáñez, habitantes en otro tiempo de la casa de Marilópez aislada en las arcillas de la marisma, éramos ya las últimas familias que quedaban. Los últimos niños que crecerán en Martinazo y lo sentirán como su hogar, su patria y su universo. Los últimos indígenas. Ningún niño más aprenderá allí a caminar, ni amanecerá para ir al colegio entre las manadas de ciervos y gamos de la vera. El fin de una era, que se remonta a aquellos que construyeron las primeras chozas marismeñas.

Una choza marismeña es la arquitectura tradicional de la marisma. Una casa hecha de plantas, como la castañuela o el junco del entorno, sobre un esqueleto de troncos de pino y sabina. De las cuevas se pasó a las chozas, y de las chozas erigidas de plantas se pasó a las casas blancas de la llanura salvaje, como la mía. Todos los antecesores se extinguen con nosotros. Conmigo.

Ahora las raíces de los álamos blancos agrietan las paredes de las antiguas casas y el peso del tiempo derrumba las vivencias y las techumbres. Las chozas se las lleva la memoria y el viento, como a la castañuela que las compone. Inertes, quedan pocas casas entre las ruinas. Martinazo sigue en pie.

Antes de cerrar la puerta de la casa por última vez, los que quedábamos nos reunimos en círculo en el salón a pronunciar unas últimas palabras de despedida. Tomé la palabra y las lágrimas solo me dejaron decir una cosa: «de Doñana no nos iremos hasta que no nos vayamos de nosotros mismos». Nunca me he ido. Ni me iré. Aunque esté en cualquier antípoda. Lo que es, es. La patria es donde uno se siente más cerca de la realidad, donde uno se siente más cerca de uno mismo. Mi patria es Doñana, Martinazo. Como exiliado la llevaré conmigo adondequiera que vaya. Allá donde yo vaya estará Martinazo. Conozco la llanura infinita a la que pertenezco.

Allá afuera, los derroteros condujeron a esa asombrosa formación natural que es la urbe. En este caso se llamaba Sevilla. Había dejado atrás a queridos amigos: Pumba, Timón, Pequeñito y Periferio, el Señor Zorro, la gata Doña Anita, el erizo Señor

Snorlax. Las dudas me asaltaban. Expulsado del amparo de mis colegas animales, clamaba al cielo que qué iba a hacer yo allí sin ellos. Tal era la tesitura.

A los dos días de vivir en el piso, entré de la calle y me encontré a una paloma en la cocina. Un pichón ya volantón, exhausto y decrépito. Era una hembra. Con su única pata sana se desplazaba como un muelle dando saltitos. Le ofrecí algo de comer y beber y la coloqué en el alféizar de la ventana, de donde voló perdiéndose en el desfiladero de edificios. Me olvidé del tema, pasó el día y me eché a dormir. A la mañana siguiente me despertó a gritos la que era mi pareja. Abrí los ojos y me topé en mi cara con la cara de la paloma mirándome, esperando a que me despertara. En una barriada de bloques idénticos, había vuelto a entrar por otra ventana, pues la ventana de ese cuarto estaba cerrada, había recorrido el piso buscando el cuarto donde dormíamos, y allí aguardaba sobre la mesita de noche. Había tomado una decisión. Desde entonces fue un idilio.

Mi día a día pasó a despertar con el sonido de su pico golpeando en el cristal de la ventana. Abría y se metía conmigo en la cama, debajo del edredón, se tumbaba arrullando sobre mi pecho y se dormía mientras le acariciaba suavemente justo debajo del delicado y casi cerrado ojo, como le gustaba. Me había elegido como esposo. Las palomas son monógamas, sellan matrimonios de por vida. De modo que acabamos conviviendo en los escasos metros cuadrados del piso de un barrio proletario de Sevilla mi esposa humana y yo, mi esposa paloma y un finlandés de setenta años, historia que luego contaré. Finlandés al que la paloma, por cierto, odiaba con alevosía. Jamás he visto a un ser tener tal animadversión por otro. Aunque también le pegaba picotazos y aletazos a mi esposa humana, por motivos evidentes. En realidad, atacaba a casi todo aquel que osara adentrarse en el piso, con picotazos en la cabeza o estratégicamente dirigidos a las orejas combinados con aletazos que descargaba como puñetazos de boxeo. Al son de su grito de guerra. Algunos amigos normalizaron la situación y entraban por la puerta con la capucha puesta. Tan fiel era que expulsaba incluso a sus admiradores palomos, dos hermanos, con cara de tonto y la misma mancha blanca entre el pico y la frente, que a veces acudían a buscarla posándose en el armatoste del aire acondicionado del balcón.

Finalmente, llegó el día en que puso huevos. En la estricta monogamia de las palomas incuba la mitad del tiempo el macho y la otra mitad la hembra, y yo era el macho de esa relación. Cuando era mi turno, se asomaba del agujero de la caja de cartón en la que anidaba llamándome malhumorada, a lo que yo aparecía portando bajo un brazo un grueso volumen que leía entonces, *El hombre y sus símbolos* de C. G. Jung, y en el otro una silla plegable de madera. Al colocar la silla sobre la caja del nido y sentarme a leer, ella consideraba que había comenzado mi turno, estiraba las patas y alas con unos movimientos que siempre me parecieron kung-fu, y salía por las ventanas siempre abiertas del balcón a planear los vivaces aires de las barriadas obreras sevillanas. Hasta que al rato volvía a relevarme y yo podía seguir con mi vida. Nunca nació nada de esos huevos. A pesar de la insistencia de los amantes de su especie, siempre permaneció fiel.

Oníricos días aquellos en los que compartía mi vida con una paloma. Muchos párrafos escribí con Señorita paseando sobre los papeles o tumbada sobre el escritorio. O en mi regazo. O sobre mi hombro, como susurrándome lo que tenía que apuntar. O quizás contándome lo que había visto en sus poéticos vuelos por la ciudad, observando el insólito mundo que bullía ahí abajo. Supongo que algún vecino me vería asomado al balcón lanzando un particular aullido al aire sevillano, tras el cual regresaba Señorita volando desde el bullicio de la ciudad a mi mano. Besaba con su pico. Las palomas pasan el día besándose. Y acicalándose, charlando y danzando. Pocos seres me han dado tanta alegría. Eso era la cotidianidad. Hasta que nos mudamos.

Los caminos de la vida nos llevaron unos meses a una casa en un pueblo llamado Bollullos de la Mitación, que durante nuestra estancia pasó a ser Bollullos de la Mutación. Blancas y espaciosas paredes entre el cobijo de una parra y un generoso huerto. Y más por pensar qué sería de ella que por imperativos posesivos, llevamos a Señorita con nosotros, por plantearnos cómo reaccionaría el siguiente inquilino del piso de Sevilla al entrar en su casa y ser atacado sin misericordia por una paloma desconocida. Acordamos un tiempo de aclimatación en el nuevo lugar hasta que lo reconociera y se acostumbrara. Uno de aquellos primeros días mi hermano más pequeño, Leo, vino a visitarme y me embargó el exceso de confianza. Saqué a Señorita con nosotros a la sombra de la parra e inesperadamente se alzó al cielo volando donde, tras dar un par de vueltas confundida sin reconocer el lugar, se perdió en el horizonte. La llamé y busqué durante días y semanas. El dolor que esto me causó fue muy hondo, no solo por el hecho en sí, sino por cómo lo causé. Unas semanas después pregunté a una pequeña vecina y su madre que criaban palomas cerca si les sonaba haberla visto, ya que portaba una reconocible anilla en la pata, y me dijeron que sí. Me reconfortó pensar que sobrevivía bien, pero siempre me quedé con la duda de si fue una mentira piadosa de aquella niña que sintió la desesperación en mi rostro. Desde entonces confundo y recuerdo a Señorita con cada una de las palomas de su tono que me cruzo por la ciudad. A que se cruzaran nuestros caminos estaré eternamente agradecido. Nunca más volví a ver a aquella criatura maravillosa.

Bollullos de la Mutación es un pueblo de eminente tradición colombófila. Tradicionales son los palomares y las carreras de palomos pintados de colores. Me gusta imaginármela feliz con un buen palomo de competición, formando una familia, con alguien de su especie al fin. Tal fue Señorita Trípode, una de las criaturas más beatíficas y amorosas que jamás he conocido. El

Espíritu Santo. La paloma que trajo una esperanzadora rama de olivo al arca para señalar que había tierra más allá del diluvio.

En el apogeo de la historia, la paloma martirizaba a un finlandés septuagenario. Dejé su historia para después. Su nombre era Pekka Rajamaki.

Pekka era un niño finlandés que cayó hechizado por el embrujo de unos gitanos tocando flamenco que recalaron por su lejana tierra. Desde ese momento su fantasía se encarnó en Andalucía. Todos los días de su vida se sentaba en una postura metódica que requería poner el pie sobre un curioso banquito para ensayar a estilo nórdico la guitarra española soñando con viajar a Andalucía. Creció rápido. Como estudiante transitó los Estados Unidos de los años setenta, tras lo que se dedicó a trabajar en el sector de la metalurgia entre Finlandia y la Unión Soviética, y con eso y un par de matrimonios, el más fatal con una bailarina rusa, la vida le pasó en un suspiro. De un día para otro era un anciano de setenta años, encorvado y solo en una humilde y fría cabaña finlandesa, y seguía soñando con venir a Andalucía. En uno de esos días, inesperadamente empacó algunos bártulos, cogió su guitarra española y se echó a la carretera con su vetusto coche cruzando toda Europa desde las nieves nórdicas hasta acabar, de entre todos los sitios donde podía acabar, en mi piso de estudiante de Sevilla.

Eran todavía los últimos tiempos de la universidad. Inesperadamente se nos quedó una habitación vacía y mi amiga Marta tuvo la idea de alquilarla para guiris, viajeros, peregrinos y extranjeros provenientes de todos los lugares. Se inauguró la habitación cosmopolita de un piso antropológico. Por aquel piso pasaron tertulias, fiestas y situaciones estrambóticas entre canadienses, malayos, danesas, peruanos, italianos, americanas, marroquíes o chinas, cual carrusel de fauna etnográfica internacional. En ese piso y época entra en escena Pekka Rajamaki, y también se inicia la historia de mi matrimonio. Y es que, veréis, aunque ahora me resulte muy lejano, solía compartir mi vida con una mujer. Cada día, durante no pocos años. Cada noche. Compartí hogar y lecho, cada sufrimiento y gozo. Su familia era la mía y la mía era la suya. No estaba casado, pero era un matrimonio. Sí, parece que fue otra vida en la que yo tuve una mujer. Nos quisimos tanto como nos hicimos daño. Vivimos una historia extraordinaria. Pero no es la historia que iba a contar ahora.

Pekka aterrizó en el piso para unos días y se quedó varios meses. Se presentó como «Pedro de Nieve». Un septuagenario que vivía en un piso de estudiantes y era el más joven de todos. Pekka tenía ese tesoro incalculable que es, con setenta años, seguir siendo niño. En la segunda venida, al año siguiente, ya convivimos en otro piso Pekka como septuagenario finlandés, mi esposa paloma, mi esposa humana y yo. Un día a día pintoresco. Parte de la rutina, aparte de huir de la ferocidad de la paloma, beber toneladas de café y tocar a mi puerta cada día antes de comer para darme media naranja pelada pronunciando solemne «es la hora de las vitaminas», era ensayar con su querida guitarra española, con taburete y partitura. Guitarra que era la de sus sueños, que le fabricó un caro luthier de Sevilla y en la que decía que halló el sonido perfecto. Y que le robaron tiempo después, mientras se giraba un momento a pedir un taxi, algunos desalmados que no sabían la magnitud del daño que hacían.

Pekka caminaba despacio y encorvado, ayudado al aire libre de dos bastones que bajo la curva de su espalda parecían una larga extensión de sus extremidades, y esto y la lentitud de sus movimientos le daba un poco de aspecto de corpulento y afable perezoso. Siempre ataviado con un gorro de pescador, al que llamábamos el sombrero de *sex símbolo*. Podría decir muchas cosas más de él, pero es mejor que hablen los hechos, que hablan solos.

Lo primero es que Pekka hablaba su propio idioma, el pekkañol, del que quedan dos hablantes en el mundo. En pekkañol se afirma diciendo «absolutamente» o «todo es claro». Para describir cualquier situación andaluza cotidiana decía, recreándose: «incredible... atmósfera... No tengo palabras». El superlativo de «sí» era «siísimo».

El pekkañol es un idioma intrínsecamente filosófico. Una vez charlábamos Pekka y yo en el sofá tomando café después de comer. Me levanté al baño y cuando volví, mi café, que Pekka pensó que había dejado terminado, no estaba. «¡Pekka! ¿Por qué tiraste mi café al fregadero?», le pregunté. Pekka se levantó y trató de responderme: «¡ah!, umm... sí, el mundo no es un lugar... un lugar... ¡Ah! Moment, moment. Nesesito arma secreta». El arma secreta era su diccionario, que siempre conservaba cerca para auxiliarle una palabra. Comenzó a buscar. Quería decirme, supongo, «el mundo no es un lugar justo». Pasaba las páginas. «Moment, moment. El mundo no es un lugar... no es un lugar... ¡ah, sí! ¡El mundo no es un lugar justificado!». Entre risas, le dije que esa frase debería ser estudiada en las academias.

Pekka a veces era un filósofo involuntario y a veces voluntario. Hablando de cosas de ferretería, de lo que sabía mucho, si le preguntaba si algo era fácil o difícil, me decía con su marcado acento «nada es difícil si tú sabes qué hacer». Otras veces me soltaba cosas como «el baile es una lengua, más antigua que el habla». Siempre bailaba balanceándose suavemente mientras cantaba lento con los ojos cerrados y una voz muy grave: «Bééésame, bééésame muuuchoo... como si fuera esta noche la última vez». Verlo en la Feria de Abril danzar, también en su propio idioma, con las flamencas, fue un espectáculo. Otras veces me podía soltar: «nosotros no somos solo nosotros, sino también nuestros abuelos, y los abuelos de nuestros abuelos». En otra ocasión, Pekka se enamoró de mi madre. Aunque se enamoraba de todas las mujeres que conocía, a las que llamaba Penélopes por sus gustos cinematográficos. A mi madre la llamaba *la chica* porque decía que no podía ser mi madre, sino una chica. De vuelta en Finlandia me mandó un mensaje para mi madre que puede ser

considerado una de las obras cumbres de la literatura en pekkañol. Transcribo:

> Abrasos, besos le grandissimos de un admiraro
> ardente inc'ognito, de un iglu solitare entre
> los osos polares, tocando su guitarra Espanela
> con sus dedos congelados, con lágrimas en sus
> ojos doloridos!

Nos hicimos amigos inseparables. Ir por la vida juntos tenía
algo de subversivo. Una vez lo llevé a una fiesta flamenca muy
autóctona en el bar del padre de mi amiga Rocío, y Pekka me
dijo que el sueño de su vida, aquello que fantaseaba de niño
sobre Andalucía, se había cumplido. En la fiesta le fui a pre-
sentar a un conocido que se declaraba orgulloso franquista. Se
armó una atmósfera de expectación, con un círculo de público
cuando puse a Pekka enfrente del espécimen. «Pekka, este es
fulano, es franquista», le introduje. El otro proclamó hinchado,
gritando lento y en indio para que Pekka lo entendiera: «¡Oh,
sí! Yo, franquista». Se dio dos golpes en el pecho, alzó el brazo y
dijo: «Tito Franco». Pekka se quedó pasmado aguantando con
calma la expectación general. Y, lenta y reflexivamente, le respondió aparentando hablar muy serio: «ah, sí... tú eres uno de esos...
cómo se dice... umm... ¡ah, sí! ¡Homosexuales!». La carcajada
fue tan sonora que este hombre miraba desconcertado alrededor
sin apenas discernir qué había sucedido. Así era Pekka. Con un
puñado de palabras de su idioma y su sentido del humor se hacía
el alma de la fiesta.

Vivimos muchas aventuras. Pekka llegó a conocer Doñana.
Apuntado en un cuaderno antiguo hallé lo que expresó entonces,
traducido del pekkañol:

Esto es lo más cerca del paradiso que he estado
en mi vida. Tengo un problema, no sé cómo voy
a explicar esto en Finlandia... Es imposible. Todas
las palabras buenas me han dejado.

Finalmente volvió a Finlandia junto con las aves migratorias,
donde lo fuimos a visitar tiempo después para conocerlo en su
hábitat. Resultó que Pekka no era así porque estuviese en España,
sino porque era así. Allí sigue. Lo echo de menos. Dejó huella. Si
hay nostalgia es que vivimos algo poderoso.

En aquella época también viajé y conocí tribus extrañas, como
todas, pues todos somos tribus extrañas. Cumplí en Italia pere-
grinación artística y me extasié con la obra de Miguel Ángel,
Da Vinci y Rafael. Desde las runas en estelas de piedra y hachas
vikingas adornadas de Dinamarca cruzamos a Finlandia donde
nos cobijaron Pekka y bosques inmensos de abedules que se
balanceaban como péndulos sobre un suelo que no era suelo,
sino mullido colchón de musgo para alces y osos. En Marruecos,
en el desierto que no cabe en la mirada, donde cada ser viviente
es un oasis, conviví con los encantadores de serpientes, los aissaoua. Otros mundos donde la palabra de un hombre todavía
es sagrada. En Cuba estudié de nuevo lo que pudo ser y no fue.
Entré en casas de artistas en las que un haz de luz se colaba por
las grietas del techo y dormí en mansiones con escalinatas y ceni-
ceros de coral en la misma ciudad. La primera imagen que me
dio Estados Unidos fue bajarme del coche desde el aeropuerto,
entrar en el salón de la casa donde iba a quedarme y que me reci-
bieran con una AK-47 sobre la mesa, una M16 con bayoneta
al otro lado, una mágnum del 44, una pistola en la que se leía
«Made in Spain», un par de hachas arrojadizas y una montaña
de munición en el centro. Al día siguiente iba a un rancho montado en la parte de atrás de una vieja camioneta que se abría paso
entre las vacas del camino con los que serían queridos amigos.

Estallé nubes de pólvora entre tribus extrañas y sentí ese sucio poder. Entre muchas otras aventuras conduciendo por carreteras inmensas de Georgia, Mississippi, Alabama o Louisiana al ritmo de la Creedence Clearwater Revival o Bob Dylan en el país más loco que existe. Aventuras que serían demasiado largas de contar ahora.

Pero el exilio proseguía y yo vivía en la ciudad. El único lugar donde sentía lo mismo que en las soledades de lo salvaje era en las iglesias. La primera vez que asistí a una misa fue en Sevilla y tendría diecinueve años. Todo esto era para mí tremendamente exótico. Me impregné de historia en cada esquina. Y en las cataratas de azahar de la primavera, la metrópoli era mucho menos necrópolis. Remonté las corrientes de caudalosos ríos de gentes bautizados como avenidas. Pero no solo eran torrentes desbordados de personas. Eran avalanchas de vidas. De historias únicas e irrepetibles. Surcar a contracorriente las calles concentrado y perplejo, como el naturalista en lo inexplorado, pues la etnografía es un naturalismo, conllevaba recolectar retazos de tales vidas, pequeños átomos que se desprendían con el cruce del roce de un instante. Podía ser la erosión de un rostro, esculpido por la vida como el pino azotado por el viento marino. Un gesto, una mínima interacción. Pero sobre todo, la escucha atenta de los momentos efímeros y anónimos de las conversaciones cotidianas que iban pasando fugaces a mi alrededor. Parar un segundo con cada una de las voces de ese eco de miles de voces que envuelve a uno errando por la ciudad. Oír cada una, distintiva sobre el tumulto, como minúsculos fragmentos de vidas ignotas y misteriosas con las que jamás volvería a cruzarme. Y escribía. Mientras todos iban hacia la luz del sol que se ponía, yo me dirigía al avance de la noche, de donde sabía que saldría el amanecer.

Primero exploré la lejanía y encontré tribus extrañas. Luego exploré la cercanía y encontré tribus más extrañas aún. Quedaba poco tiempo en la urbe. Lo salvaje tira al monte.

5

LA MONTAÑA

El torrente del exilio me había arrastrado a la ciudad cual náufrago. Un hondo anhelo me reclamaba. Algo dentro de mí retumbaba como una gran roca despeñándose por el precipicio. Miré a mi alrededor buscando lo más salvaje posible y vi las montañas de Huelva, la Sierra de Aracena. Y es que, veréis, yo no estaba casado, pero tenía un matrimonio. Ella consiguió trabajo en Aracena y allí nos fuimos. Fue por ella. La precipitación del éxodo no dio tiempo a hallar guaridas grandiosas, y recalamos en el limbo de una urbanización a un par de kilómetros del pueblo, en la ladera de un monte: Fuenteherrumbre. No era la tierra prometida, pero sí un tránsito.

Al principio me peleé con la montaña. Me faltaba horizonte. Sentía que me faltaba espacio, como apretado y emparedado entre los muros de las laderas de los montes. En cuanto bajaba a Doñana sentía que me expandía cuando se abría el cielo y mi espacio volvía a ser el llano inmenso y sin fin. En Doñana, el horizonte infinito, lo más alto era una duna. Aquí las dunas eran de piedra, no se movían ni se tragaban pinares, y eran tan vastas que tapaban el horizonte y el sol no se ponía sobre él, sino sobre los altos y afilados riscos de los cerros. Luego me reconcilié con la montaña. Comencé a expedicionar. No quedó valla sin un cacho de ropa o pelo mío en las montañas alrededor de la casa donde vivía. Exploraba el territorio en círculos concéntricos cada vez más alejados, inventando una toponimia propia que quedó plasmada en algunos dibujos de mapas. Entonces aprendí.

Aprendí que los desprendimientos dejan al descubierto las raíces. Que si se trepan, los muros de piedra seca de las lindes son elevados caminos. Que los muros y las vallas no son obstáculos para los caminos de los animales. Que el árbol crece veloz, pero la mirada del ser humano es lenta. Que el rayo tarda eternidades, pero la mirada del humano carece de paciencia. Que el meditabundo se funde con su entorno como la serpiente nadando en el río. Que hay que prestar atención a los sueños, porque los dioses pueden hablarnos a través de ellos, aunque no existan. Que todos los mitos formarán el mito. Que la ladera más umbría de la montaña puede ser la más fértil. Que gota a gota se horada la roca. Que ninguna roca es sólida en la eternidad del tiempo. Que el buitre tiene sombra de dragón. Que la luz que acumulan los caducos chopos durante el verano la desprenden de repente en el otoño, cuando las hojas se encienden antes de caer. Que los picos picapinos tallan constelaciones en los alcornoques que todavía trato de descifrar. Que el momento exacto en que el fruto se desprende del árbol es inescrutable para el propio árbol, pero el fruto maduro siempre cae. Que como resguardado en lo más hondo del valle está el hombre en su creencia, donde los altos muros de la montaña lo rodean y no le dejan ver más allá. Y si acaso hubo un tiempo en el que esos valles fueron fértiles y podía vivirse en ellos, ese tiempo terminó.

El descubrimiento de la montaña fue el descubrimiento de las piedras. En Doñana no hay piedras. Solo arena y arcilla. Si paraba a mirarlas, cada roca me parecía una asombrosa e irrepetible obra de arte. Había miles desperdigadas por todas direcciones, de todos los minerales, formas, texturas y colores. A decir verdad, no recuerdo muy bien el momento exacto en que se me ocurrió y empezó todo. Solo sé que cuando me quise dar cuenta, estaba tallando en escogidas piedras la historia de mi vida en símbolos de aspecto primitivo. Más o menos como ahora en este libro, pero en petroglifos. El caso es que los veía ya en la piedra antes de tallarlos, en su lugar exacto, incluso al ojearlas de lejos en el suelo del monte. Como si ya estuvieran ahí esperando y solo tuviera que sacarlos a la luz. Las piedras me miraban y hablaban.

Primero tallaba los petroglifos a martillo y cincel. Luego mi amigo imprescindible, Edi, me regaló para mi cumpleaños una pequeña amoladora para los detalles pequeños, reprochándome que con lo raro que era nunca sabía qué regalarme. Pero acertó. Primero eran piedras más o menos abarcables, luego fueron gigantescos pedruscos clavados para siempre en los confines de los valles y los montes. Por los montes perdidos fueron quedando grabadas marcas. No muchas, las necesarias. Cada grabado rupestre tenía su significado. Pensando en que estaba sintiendo lo mismo que aquellos ancestros que tallaron los primeros grabados hace miles de años, me preguntaba cuántos petroglifos olvidados yacerían encerrados en las selvas de musgo de las piedras.

De los surcos de las duras rocas brotaban en símbolos juncos de la marisma, ciervos y jabalíes de la vera, el lince y las gallinas, garzas, espátulas y cigüeñas y el laberinto como gran alcornoque anidado de la pajarera y gran árbol del mundo, la paloma, el ibis eremita como referente estético, el escarabajo pelotero como Sísifo triunfante y un sinfín de símbolos y relatos míticos. Acabé regalando una pesada e imponente roca a mi abuela con la historia de la familia en la que ella era una gran gallina y nosotros los polluelos, otra a mi abuelo, otra a mi madre y hermano por Navidad que llevé envuelta en papel de regalo con un cartel que ponía «Cuidado, muy frágil», así como a amigos, mi entonces matrimonio y para mí mismo. Voluminosas rocas que transportaba a veces desde considerables distancias de la montaña donde aparecían, saltando vallas, valles y obstáculos por el camino.

El primer año en Fuenteherrumbre nuestros vecinos fueron Antón y Mario, hospitalarios seres de generoso corazón que nos quisieron y acogieron con sinceridad y cariño. El patio de la casa era un reguero de piedras y petroglifos, pero también retornaron los cráneos de animales que me proveía la montaña. Cráneos de vaca, ciervo, cerdo o cabra inundaron el patio para desconcierto de los nuevos vecinos. Vecinos que por primera vez tenía reales y humanos, no como en las colmenas anónimas de la metrópoli, y que se acostumbraron a vivir con el escenario de fondo de mi patio desbordado de cráneos y petroglifos, visible como un panóptico, y conmigo pasando en ocasiones con botes llenos de bichos para el terrario. Bichos que estremecían a mi matrimonio, que toleraba amenazante que metiera dentro de la casa venenosas escolopendras, escorpiones o arañas negras del alcornocal, la araña de mayor tamaño de Europa, y que se interesaba en otros menos conflictivos como salamandras, tritones o eslizones.

Recuerdo un día en que había encontrado en el campo un galápago leproso muerto y me lo quise llevar a casa para conservar el caparazón. Estaba demasiado putrefacto para llevarlo con las manos, así que busqué algo alrededor sobre lo que poder llevarlo y encontré tirada una tabla. Coloqué el galápago sobre el extremo de la larga y fina tabla con sus patitas inertes colgando a ambos lados y puse rumbo a mi casa. Ya llegando, dentro de la urbanización, vi que recién había aparcado un coche en una de las casas frente a las que tenía que pasar para llegar a la mía. Era una casa rural, y estaban descargando las maletas. Cuando pasé, ellos ya habían subido la escalera que entraba a la casa, pero se giraron para mirarme. Entonces me paré, cosa rara en mí, que suelo reaccionar de forma más espontánea a este tipo de interacciones. Me detuve con mi galápago en la tabla, miré sus caras, miré al galápago. Volví a mirar sus caras, miré al galápago y, señalándolo con la cabeza, los miré terriblemente serio y les dije con voz lasciva: «la cena». «¡No!», fue la reacción que alcancé a escuchar de uno de los turistas desprevenidos. Y seguí solemne el camino hacia mi casa, regocijándome de la primera imagen de la montaña que había regalado a aquellos recién llegados y horrorizados turistas. Todavía conservo el caparazón del galápago, ya limpio y barnizado en su vitrina.

Para el segundo año en Fuenteherrumbre había avistado otra casa más apartada en la urbanización, a la que nos mudamos. Solo tenía un vecino, aún desconocido, justo al lado: José María Algaba. Ay, José María, cómo hacerte justicia. Cómo retratar a un hombre que más que poeta, era poesía. Cómo retratar lo que este mundo le hace a alguien así.

José María era alto y delgado, con un porte tan elegante y melancólico que parecía sacado de una película de Tarkovski. Siempre salía con oscuras y largas chaquetas clásicas, un corto sombrero negro y gafas cuadradas de sol que escondían unos azules ojos tristes. Bajo el sombrero resbalaba por angulosas mejillas una blanca y lisa cabellera delimitando el contorno de un rostro abatido, que muchos confundirían con severo. Erosionado, ni la edad ni la desolación habían conseguido borrar la finura de unos rasgos tan melancólicos y atractivos como su vestimenta.

Su infancia trató de existir en el barrio sevillano del Cerro del Águila en los años cincuenta, en plena dictadura franquista. Fue un niño enfermo y padeció encamado largo tiempo. De su padre, conservaba la cicatriz en la cara de la hebilla de su cinturón. Como también era costumbre en la época, fue maltratado por los curas del colegio católico al que asistió. No había más escapatoria que la poesía.

Despuntó como una quimera encendida. Recogió premios y reconocimiento. Y más por dolor y desesperación que por saberse más, creo que miró desde lo alto. Los demás no lo perdonaron. Como a los héroes homéricos sobre los que escribió, los dioses lo castigaron. Lo excluyeron y desterraron. Se quedó solo. Cruelmente solo. Desproporcionadamente solo. Más solo que todos los desiertos de la tierra. Y su soledad no tenía remedio. Él lo sabía, y ser consciente era parte de su tormento. En este punto se cruzaron nuestras historias. Los hechos de su vida puede que no sorprendan demasiado a un avezado lector. No importa. José María era poeta. Hacía poesía y era poeta. Sí, todavía los hay. Lo he visto. Y como le dije alguna vez, se puede ser mejor o peor poeta, pero no más poeta.

Su casa estaba casi adosada a la mía y era un antro amurallado de cientos de libros y vinilos de los sesenta y setenta. Miles. Nuestras puertas se miraban entre sí. Tenía en su casa dos enormes altavoces conectados a un tocadiscos, en los que hacía sonar a toda leche sus vinilos de grupos de rock de los sesenta y setenta, muchos de ellos grupos bastante desconocidos y selectos que constituían hallazgos para mí. Abría las ventanas, encendía la música hasta retumbar la montaña, abría su puerta para amplificar la corriente de sonido y se quedaba apoyado en el marco de la puerta contemplando su obra, asegurándose de que llegaba el mensaje. Creamos un lenguaje, como señales de humo. Llamativas tradiciones amanecieron.

Nuestras soledades se entendieron. Vivía en una guerra permanente y despiadada consigo mismo, y alguna vez escapaba alguna bala perdida al exterior. La poca gente con la que hablaba regentaba los bares o establecimientos a los que acudía. La gente hacía poco por comprenderlo. Y no se sentía comprendido, se abochornaba y se sentía obligado a cambiar de bar, de carnicería o pescadería. «No sé hablar en lenguaje cotidiano», me dijo alguna vez. «No tengo lenguaje». Y el mundo no tenía piedad con él. Espero haber mitigado algo de ese dolor alguna vez.

Un día una de esas balas perdidas impactó contra mí. Estalló una discusión en el patio, no recuerdo muy bien ni por qué. Tras la extraña discusión me dio por construir, sin que lo supiera, una escalera excavada en la ladera que unía su patio trasero con el mío. Tras lo cual comenzaron a aparecer usualmente paquetes en la mesa de mi porche. Me los encontraba por las mañanas. Libros, películas, textos inéditos finamente impresos, folios manuscritos en una letra ilegible. Una vez planté un castaño en su patio que le dije sería *el castaño del poeta* y tiró en el suelo a su alrededor decenas de estos folios manuscritos ilegibles y los dejó ahí todo el verano. Los quitó por accidente el que vino a desbrozarle el jardín y se molestó. Hacía cosas así.

Siempre andaba inmerso en densísimas lecturas, áridos tomos de filosofía de los que destilaba montones de apuntes. Nunca he pasado tantas horas hablando tan intensamente con alguien y no creo que vuelva a hacerlo. No se daba cuenta, pero el hombre que solo habla consigo en ocasiones puede caer en el monólogo. Larguísimos soliloquios. Fascinantes también. Y a veces conversábamos. Realmente conversamos.

La profundidad que vi en él no la vi en ningún otro. Tampoco la tragedia. Él escribió que la madera de Dios es un árbol extraño. Que si hay nubes y pájaros, es su acorde la piedra, y no aquel que la habita y levanta cercados. Que solo en la sombra el héroe se aventura y confirma. Que la luz se escribe sola o no se escribe. Que no hay más sustancia que la que tienen las palabras inextricables, luminosas como el pan en la mesa. Que el poema luchó contra la muerte. Estos versos que aquí se vierten como afluentes. Qué más da que te calen o no. José María no es poeta, es poesía. Ojalá haya quedado claro. Porque sé que lo que él es no abunda en este mundo.

Consideraba que había fracasado. En la poesía y, por tanto, en la vida. A la poesía había consagrado la vida entera. Sin apenas darse cuenta había sacrificado familia, parejas, amigos, colegas y a sí mismo y se había quedado solo y roto con ella. Y al final de su vida sintió que lo que creía que tenía sentido no lo tenía. Que no merecía la pena. Ya no había marcha atrás.

«Espero conformar algún capítulo en alguno de tus libros», me dijo uno de esos días en los que pensaba que se estaba muriendo, a modo de despedida. «Tal vez yo te pueda ofrecer materia quijotesca y humana. Un regreso, de veras, a la aldea». Otra vez me dijo que si alguien me preguntaba por él cuando muriera, solo dijera: «era mi amigo». Pues bien, es mi amigo. Poco más se puede decir.

Yo, por mi parte, seguía buscando la forma, todavía muy lejos de ella. Experimentaba y no paraba de indagar. Perseveré de mil maneras. Estudié las vastas llanuras del conocimiento humano. En cualquier caso, creaba. Sin tregua. Y avanzaba hacia el camino. Poco más importaba. Quizás no hubiera venido mal recordar aquellos versos de José María, que rezan:

> ¿Qué libro no es vacío, o no lo estuvo,
> no se encerró con Dios o con la nada o con la muerte
> o con los ojos que ama, encerrándonos siempre?
> Cuánto amor en sus márgenes y cuánto
> no pudo ser, y escrito fue en la lengua
> como el sol en las nubes lo que no es,
> frágil latido, sangre que se apaga.
> ¿Qué libro no es vacío,
> no es el mismo oleaje
> que ya no tiene nada que arrojar,
> y su espuma se rompe, baña
> con minuciosa lentitud
> la arena?

Tal vez tenga razón. A decir verdad, en aquel entonces ni siquiera conocía estos versos. Me hallaba ciegamente absorto en la búsqueda del libro. Como José María estuvo en otro tiempo con sus poemas. Y, como él, tampoco me daba cuenta de lo que estaba sacrificando. Sembré tanta destrucción como creación. Mucho dolor. Todo saldría a flote llegado el momento. Y me sería devuelto.

Así pasamos unos años. El tiempo parecía ir despacio. El universo, sin duda, se expandía. La obra, junto con los cráneos, petroglifos, animales y demás, se iba gestando en la montaña.

6

UN JORNALERO ANDALUZ

Una cosa es el trabajo, y otra la recolección del pan. Mi trabajo es mi obra. El pan de cada día se recolecta de diversas formas. Una de ellas fue en los campos perdidos, como jornalero andaluz.

Hasta entonces había recolectado el pan como guía de naturaleza, en Doñana. Las masas que acudían se iban traumatizadas y felices. Pero, mentalmente, acababa saturado. Carga que me impedía trabajar en la obra una vez terminada la jornada. Entonces se me ocurrió que, si en vez de recolectar el pan con la mente lo hacía con las manos, una vez de vuelta a casa, podría trabajar con mi mente. Y entonces descubrí mis manos, como los primeros hombres tallando herramientas líticas y domando el fuego.

En lo más duro de la pandemia y el confinamiento, brotó el momento. Me informaron de una finca de frutos rojos que necesitaba gente cerca de El Rocío. El mundo estaba parado, excepto estas labores, que se habían considerado como esenciales. Lo cual es digno de reflexionarse. Lo consideré una buena oportunidad de exploración. Me dieron un salvoconducto y acudí a vivir el otro lado de la patria.

Llegué como el que aterriza en otro planeta. Me dieron un carrillo rudimentario y unas cajas, y me mandaron entre las arenas encharcadas, dignas de trincheras, a los invernaderos con la cuadrilla. Muchos me preguntaban si era mi primer día y me miraban apesadumbrados. Se acercaron algunos compañeros a instruirme animosos, y con su ayuda me embarqué a recolectar mis primeros arándanos. Uno de ellos se llamaba Wahib. Le pregunté de dónde era y me dijo que de Siria. Era un refugiado de guerra.

Había varios refugiados de guerra sirios. Tenían sus familias todavía allí. Lo que contaban era durísimo. Quizás lo que no contaban lo era aún más. Además, era Ramadán. La atmósfera dentro de aquel averno era un tsunami de lava, bucear en magma. Mientras compañeros, comiendo y bebiendo, se desvanecían por insolaciones y golpes de calor, ellos resistían sin beber ni comer, a veces con una sonrisa. Vi en aquellas sonrisas un rostro del heroísmo.

Cada muralla de arándanos es un líneo, o lomo, los cuales se recolectan por parejas, uno a cada lado de la mata. Cuando uno termina su tramo, lo mandan a otro líneo con otro compañero, sucesivamente. Pronto me di cuenta del valor de esta rutina. A cada rato trabajaba frente a frente con un nuevo compañero, un nuevo universo, del que indagaba hasta las últimas consecuencias de su vida, visión del mundo y situación. Así viajé por recónditos parajes y epopeyas. El campo era un crisol de riqueza humana.

Me encontré, por ejemplo, con un capitán exiliado de la Aviación Militar Bolivariana, de Venezuela, que me narraba apasionado las peripecias de aterrizar un gigantesco Hércules de cuatro motores turbohélice en una pista embarrada del Amazonas. Se había involucrado en un plan de golpe de Estado en 2015, conocido como el Golpe Azul. Fue cuidadoso y no pudieron probar su participación ni imputarle caso alguno. Pero a partir de ahí, le hicieron la vida imposible. Solo le quedó el exilio. Aquí no le convalidan el título de piloto. Cuesta quince mil euros. Y allí estábamos, cogiendo arándanos.

O también a Leo, un salvadoreño de familia pudiente, hijo de juez y abogada, que se sintió poco querido por sus ocupados padres y se unió a una banda. Cuando terminó el bachillerato, le pidió permiso a su pandilla para estudiar la abogacía. El permiso fue concedido y los estudios terminados. Se convirtió en el abogado de la banda, envuelto en mil historias de falsificación documental y entregando mensajes de presos entre cárceles. Hasta que la cosa se torció y la banda se presentó en su casa con metralletas. Llamó a la policía y la policía lo acabó buscando también. El día que hablé con él era su último en los arándanos. Lo habían despedido por discutir con otro compañero a cucharazos.

Conocí también a una tribu que afirmaba tajante que aquello no era su trabajo. Su trabajo era traficar con droga. Habían venido de vacaciones. Era pleno confinamiento y, para estar enclaustrados, mejor estar fuera, ¿no? Algunas veces desayunaban su trabajo.

Gitanos transexuales, músicos desubicados, marujas irreductibles y un sinfín de incontables leyendas completaban una tribu extraña, como todas, pues todos somos tribus extrañas. Cada historia era única. Todos tenían algo que contar, si se les escuchaba. Quizás esto sucede en todas partes. Aunque fuera una señora proclamando con orgullo sincero que tenía el graduado escolar. El mundo está ahí.

La gente viaja a lugares remotos para encontrar la lejanía. Lugares exóticos, extraños. Pero cuando uno ve la lejanía en todas partes, entonces viaja en todas partes, y viaja todo el tiempo. A veces, lo que tenemos más cerca es lo que tenemos más lejos. Cercanía es lejanía.

Pronto me di cuenta también de que laboralmente no estaba en las catacumbas, sino en las catacumbas de las catacumbas. Antonio, hijo del dueño, era el manijero, es decir, el que manda y organiza la cuadrilla. Había interiorizado el puesto como el tío del látigo. Supongo que el medievo era para él una era de progresismo intolerable. Su cavernario griterío era omnipresente. De transcripción imposible. Se recreaba: «¡Vamos, moved las manitas!» «¡Alguno cuando llegue a casa se va a tener que poner una almohada en la lengua de tanto hablar!» «¡Vamos, que hoy hay nominaciones! ¡Más de uno se coge vacaciones anticipadas!». Las *nominaciones* eran la humillación pública diaria. Cada día, tras la jornada, se reunía a la cuadrilla exhausta y, tras la correspondiente charla de reproches vejatorios, se pronunciaba a quienes habían cogido menos cajas. Quedaban *nominados* y excluidos de trabajar al día siguiente como castigo.

Esto era parte de una presión psicológica asfixiante y sin tregua. El número de cajas exigido aumentaba y el ritmo aplastaba insostenible. La amenaza latente del despido se gritaba continua en los invernaderos. Alguno estalló y volaron cajas.

Las horas extras, legalmente voluntarias, eran obligatorias. Eran, además, en la hora inhumana del calor. La cuadrilla acabó rebelándose y se acordaron supuestamente voluntarias. Pero siempre mal vistas, e insinuándose consecuencias. Por la hora extra se pagaba lo que una hora normal. Se trabajaba todos los días, incluidos los domingos, por el salario de un día normal. Para librar, había que pedirlo. Y negociarlo. Había gente que llevaba sin librar más de un mes. Ante estas condiciones, alguno fue a hablar con el dueño. «Mi campo, mis normas», le dijo. Esto solo lo puede decir alguien a quien avisan de las inspecciones laborales, como ocurrió.

Allá bajo los plásticos se escuchaba el siseo constante de un coro de serpientes. Era la frecuente inyección de agua, repleta de fertilizantes. Las arenas de mi tierra son blancas, limpias y puras. Y no especialmente fértiles. Y secas. El agua escasea a un ritmo preocupante. El desierto avanza. El arándano es un arbusto de bosques húmedos y ricos, con abundante humedad superficial. Apenas profundizan sus raíces. De ahí el riego constante. «Qué pensarían los ancestros», me preguntaba yo. Miles de años domesticando especies frutales adaptadas al clima y la tierra, como olivos, parras, algarrobos o higueras, para esto. Somos una especie extraña.

La cuadrilla se hizo clan. Me habían hablado de las casetas infames que la finca les alquilaba. Uno de los últimos días estuve de visita. Era peor de lo que pensaba. Gallineros de lata y plástico, cuyo techo regaban por el día para combatir la lava inútilmente. Les cobraban dos euros al día.

Alguna vez me detuve un segundo, sostuve con los dedos uno de los arándanos, uno entre miles y, alzándolo y sosteniéndole la mirada, preguntaba en voz alta a mis compañeros: «¿quién pensáis que será la persona que se comerá este arándano, este arándano concreto que ahora sujeto entre mis manos? ¿en qué lugar del mundo lo hará? Y, cuando lo haga, ¿pensará esta persona en estas manos que lo recolectaron, estas manos fatigadas que ahora lo sujetan?» Solo sé que aquellos arándanos a los que formulé esas preguntas los eché en la caja entre otros miles, y alguien en algún lugar del mundo los comió. De todas las personas que han comido en algún lugar del mundo estos arándanos, dudo que una sola se haya parado a pensar un fugaz instante en quién los recolectó. En mí, en nosotros, en los olvidados. Lo dudo. Quién sabe.

Aquella campaña rociera llegó a su fin, y la experiencia humana fue tan intensa y profunda que al año siguiente volví a alistarme, esta vez en Aroche. Los Llanos de la Belleza, lugar que hace honor a su nombre, a pesar de los recientes mares de plástico. Intensificando el lugar, entre los invernaderos destacaba un gran círculo perfecto sin cultivar. Era el Dolmen de la Belleza.

Aparte del paisaje idílico, esta vez iba con una multinacional. En mi inocencia de salvaje marismeño creí que, al ser una multinacional, como mínimo, esta vez cumplirían la ley. Nada más lejos de la realidad.

Una vez más, con una mezcla de ambigüedad y firmeza, obligaban a las horas extras. Aquello empezó a encabronarme. Entonces me leí el contrato. Efectivamente, además de que las horas extras son, por ley, voluntarias, según el convenio de los trabajadores del campo de Huelva, al que el contrato se remitía, tenían que pagarnos por hora extra 75 % más, y por trabajar los domingos 50 % más. Ninguna de las dos cosas ocurría. Con el convencimiento de esta lectura, empecé a predicar la palabra mientras recolectábamos en los líneos.

Por allí andaba el compañero Senén. Un orador nato. En nuestro primer cruce de palabras, cuando me preguntó cómo andaba, le respondí «*ora et labora*». Él reaccionó de inmediato: «esa es la regla de la orden benedictina». Desde entonces y con surrealismo, aquellos líneos se transmutaron en un ágora en la que retumbaban a gritos, entre matas, diatribas sobre Schopenhauer o Nietzsche, recitales de poesía y anécdotas estrafalarias y escandalosas que abrieron la veda de la excentricidad común.

Grandiosos y artísticos momentos de histeria colectiva ocurrieron. Sin dejar nadie de la cuadrilla su labor y profesionalidad, todo hay que decirlo. Pero el cachondeo es un pilar fundamental para sobrevivir aquellos infiernos, y memorables ratos pasamos. Uno de ellos viene al caso. El episodio del Invierno de Vivaldi.

Un día, ya casi al final de una agotadora y calurosa jornada, coincidimos Senén y una buena tropa relativamente cerca entre los líneos. Empezamos a divagar, como siempre, toda la cuadrilla circundante. En una de esas salió el Invierno de Vivaldi, cuya melodía, por desvaríos anteriores, había quedado como himno público. Y rompimos a cantar eufóricos el Invierno de Vivaldi en los aludes de lava de los Llanos de la Belleza, y se nos unió toda la cuadrilla en un bellísimo trance colectivo, cuando entonces, en pleno éxtasis, apareció vociferante el controlador.

El controlador era una gruesa criatura humanoide que desplegaba incursiones súbitas de entre las matas buscando un fallo en la existencia del que acusarte. Una celebridad. En el más épico Invierno de Vivaldi recitado jamás quiso aportar su granito de arena. Disolvió la catarsis con improperios y amenazas de despido. No le dimos demasiada importancia y proseguimos, *ora et labora*. La sorpresa vino cuando en los días siguientes me despidieron junto a un grupo de compañeros con una burda excusa. Todos los días se imponía la obligación infantil de que nadie podía irse hasta que no se diera la orden explícita, aunque la hora y el trabajo estuvieran finalizados. Esperando bajo el sol ardiente y el sinsentido, con su jornal y hora cumplidos, algunos se fueron antes de la orden. Tal fue la excusa. Lo curioso es que yo ni siquiera era de los que se había ido y había testigos abundantes.

Me despedí de mis compañeros. Despedidas muy emotivas, por cierto. En las últimas luces de aquel día me llamó nuestra manijera, que esta vez era una compañera humana más, buena persona que hacía lo que podía. Había intercedido para que prosiguiera mi epopeya en vista del absurdo. Al amanecer siguiente mis compañeros contemplaron cómo resucité de entre los muertos. Pero otros no volvieron. Hoy los honramos.

En aquella resurrección, tratando de comprender con la manijera lo que había sucedido, me dijo: «Noé, es que sois la única cuadrilla entre decenas que no se queda a hacer las horas extra». Entonces comprendí. Había sido una represalia. Cuando me leí el contrato y empecé a predicarlo nos movilizamos, y a las horas extras no se acabó quedando casi nadie. Pienso hoy lo que le respondí a la manijera entonces: «eso es motivo de orgullo».

Y hubo purga y se acabó. Este es el retrato de la indefensión absoluta en que se encuentran los trabajadores que cargan sobre sus hombros los alimentos de la civilización entera: ni sindicato, ni Estado, ni ley. No existen para ellos. El desamparo es total. La mayoría ni siquiera conocen sus derechos. Pero aunque los conozcan, bien se aseguran de contratar bajo un mes de prueba, que abarca gran parte de la campaña. A la mínima, se cierne el despido sin justificación, con impunidad.

En mi odisea jornalera se concentraba todo lo bueno y malo de la humanidad. Pero, sobre todo, buenas personas víctimas de las circunstancias, grandes compañeros. Un día me topé en las matas con Manuel. Le pregunté a qué se dedicaba y me dijo que a pedir por las casas. «¿Comerciante ambulante?», le pregunté. «No, no. A pedir por las casas», me dijo. Le llamaban El Mochila. Ante mi escucha atenta, me contó la historia de su vida.

El caso es que, contando mis historias al público invisible pero numeroso que escuchaba entre las matas, se había enterado de que yo tenía una colección de cráneos. Me espetó: «¿quieres un cráneo de cocodrilo?». Lógicamente, reí. Prosiguió: «sí, allí lo tengo en el pajar. Lo uso para asustar al perro. Se lo pongo delante y gruñe. Pero creo que lo voy a tirar por un barranco. ¿Tú lo quieres?». Iba pareciendo serio, pero a pesar de que sé bien que la realidad supera a la ficción, me pareció demasiado bonito para ser cierto. Siguió dando detalles. El propietario del cortijo donde se cobijaba ahora a cambio de trabajos era amigo del dueño de la única granja de cocodrilos del Nilo de Europa, en Jerez, y se lo había dado.

Al día siguiente estábamos los jornaleros en las primeras luces del alba para proseguir con la lucha diaria. Se me acercó Manuel sigiloso, con un gesto cómplice. «Vente que te voy a dar eso», susurró. Acudimos. Abrió el maletero del coche. Y allí estaba: un cráneo majestuoso de cocodrilo del Nilo, con restos de carne y escamas, en mitad de los campos de arándanos de los Llanos de la Belleza de Aroche al amanecer.

Mucho tiempo después, en la soledad de mi choza en la montaña, me quedé mirando el cráneo de cocodrilo del Nilo, y empecé a rememorar aquellos hombres y mujeres heroicos que cada amanecer salen al campo a trabajar en unas condiciones miserables los frutos sin los cuales la humanidad no puede vivir. Son esenciales. Recordadlos.

7

EPÍLOGO

Hay alguien, de cuyo nombre no debo acordarme, que tendría que tener un capítulo en este libro. Sin embargo, no lo tendrá. Para narrar lo maravilloso que fue, tendría que narrar el cataclismo que acabó siendo. No lo haré. Baste decir que en el exilio de Doñana cerramos juntos la puerta por última vez. Que acarició a Pumba, Timón, Pequeñito y Periferio. Que vivimos en la urbe con Señorita y Pekka y junto a José María Algaba en Fuenteherrumbre. Que estuvo a mi lado en mis momentos más bajos y en mis días de melancolía, apoyándome cuando más lo necesitaba, cuidándome en la tempestad. Que viajamos por el mundo en mil aventuras: Finlandia con Pekka, Estados Unidos con su familia, Cuba descubriendo sus raíces aristocráticas, Dinamarca recogiendo su vida anterior, Portugal, Marruecos. Conocimos la montaña juntos. Con ella vi por primera vez nevar. Y tantas otras cosas. Nos enredamos en besos infinitos durante años. Abrazándonos parábamos el universo. Ahora, allá donde esté, espero que sea feliz. Y espero que todo este dolor haya servido de algo.

La primera noche que pasamos juntos, en Sevilla, descubrí en los lunares de su piel la constelación de Casiopea. Se lo dije. Éramos desconocidos. Ella vino desde Dinamarca para tres días y ese era el tercero. Me fui temprano y dejé una nota para que la encontrara al despertar. Decía: «Se alinearon los astros, y la constelación se completó». Horas después ella volvía a vivir a Dinamarca.

Tras su primera noche en Doñana, quedó fascinada por el estruendo del coro de los pájaros en la mañana. Anoté: «Todo empezó con una avalancha de cantos de pájaros en la primavera, y desde aquel amanecer, el amanecer fue constante». Ella me decía que lo que estábamos viviendo se vivía una sola vez en la vida. Yo era demasiado joven para entenderlo. Ella sabía más.

Fue el dolor más grande que he sentido. Lo sufrí completamente solo, aislado donde ya relataré. Rayé la locura. En los momentos más duros, escribí:

> La comedia de la tragicomedia ha terminado. Cuando escriba en mi autobiografía el capítulo de este momento de la vida, terminaré diciendo: siempre supe que escribiría este capítulo, y aún hoy creo que no debería tener este final. Pero lo tiene.

Quién me iba a decir que podría rescatar los recuerdos de la memoria. Jamás lo hubiera creído. Primero me enamoré de una constelación. Luego esa constelación me enseñó que no existen las constelaciones.

En fin, dije que no tendría capítulo. Y, sin embargo, lo tiene. Y sin embargo, es como tenía que ser. Las constelaciones no existen, pero las estrellas que las forman son reales. Mereció la pena.

Monasterio Dhamma Sacca, Candeleda, octubre de 2022

8

LA CHOZA

Yo tenía una casa en un lugar que no era ni campo ni pueblo, un libro que no terminaba de escribir y un matrimonio en el epílogo. Merodeaba el movedizo terreno de las medias tintas. Tierras de nadie. Y las tierras de nadie, nada son.

Un día, después de una fuerte discusión con mi pareja, me retiré desolado a las profundidades de los montes. Me interné en el Valle de los Dólmenes Olvidados, un angosto desfiladero fecundado por un leve manantial perdido de la mano de Dios, al que puse ese nombre por unos gigantes bloques de piedra naturales que se asemejaban a dólmenes. Conforme fui penetrando en la espesura del estrecho valle, se sucedieron una serie de imágenes.

Primero, asomó en la ladera la forma de dos ovejas corriendo hacia mí. La madre y el cordero. Se pararon expectantes frente a mí. Cogí unos higos, se los ofrecí y nos sentamos plácidamente bajo la higuera a comerlos. En aquel momento atronador, vi al Cordero de Dios.

Al rato me despedí y seguí internándome en la senda. Allá donde el paso más se estrechaba entre el tupido y selvático arroyo y la gran pared de piedra, miré a mi izquierda y, sobre una roca totalmente tapizada de musgo, vi sobre el musgo una cruz tallada. Una cruz perfecta, finamente labrada y acabada, como un trabajo de cantería. Extrañado y ensimismado proseguí la senda, que a partir de entonces comenzaba progresivamente a subir, y traspasé los límites del territorio conocido, adentrándome en lo ignoto.

Dejé atrás la maleza más indómita del barranco y se abrió un camino escarpado y abrupto. Ascendí y ascendí por la ladera inclinada. Entre las copas de las encinas me pareció atisbar una construcción, y allí me dirigí. Por el camino que cogí la tapaba la ladera y no la vi hasta que se me apareció enfrente. Se me presentó de golpe. Era una choza de pastor.

Para estar completamente perdida en la montaña, en un lugar apenas transitable a pie o en burro, se conservaba bastante bien. Desde la entrada se dominaba todo el valle y hacía más patente la soledad. Era una chocita de piedra sin ventanas, muy pequeña. La puerta estaba abierta. Crucé el umbral. Era un solo espacio donde apenas cabían una cama, una mesita baja con dos desvencijadas sillas de enea y una breve chimenea adosada en la esquina del muro. Dentro se oscurecía en penumbra. Por el techo de vigas y maderas rotas entraban algunos haces de luz. Yo me encontraba arrobado, absolutamente extasiado. Era eso. Lo había encontrado.

Estallé de júbilo. «¡Esto es! Esto es lo que tengo que hacer. Este es el camino. Voy a encontrar una choza, voy a meterme en ella y de ahí no saldré hasta que no termine el libro. Si tengo que estar sin luz eléctrica ni agua corriente en un lugar donde solo pueda llegar en burro, así lo haré. Se acabó. Se acabaron las medias tintas. Es el momento de llegar hasta las últimas consecuencias».

La llamé la «Choza de la Revelación». Todavía peregrino allí de vez en cuando, cuando hay que recordar el camino.

La determinación fue firme. Contaba mi plan a vecinos y autóctonos, les preguntaba si sabían de chozas en el monte, aunque estuvieran abandonadas y las hubiera que restaurar. Mis amigos me miraban como a un loco. Pero ya estaban acostumbrados.

Al poco tiempo iba explorando los campos de la montaña y me quedé mirando uno fijamente con una intuición extraña que no sabría explicar. «Mañana vengo y dejo un cartel», me dije. Al día siguiente fui con mi hermano pequeño y puse un cartel: «Te lo alquilo y/o te lo cuido. Llámame y hablamos».

Al cabo de unos días estaba yo sentado en el porche de la casa de Fuenteherrumbre cuando, después de escuchar a lo lejos lo que sonó como un tiro, vi aparecer un gran perro blanco ensangrentado. Alarmado llamé a la policía, que vino a recogerlo. Se lo llevaron y me olvidé del tema.

Unos pocos días después me llamó el hombre del campo del cartel. Se llamaba José Manuel. Quedamos en vernos y cuando abrí la cancela del campo donde vivía, a considerable distancia de mi casa, salió a recibirme el perro blanco ensangrentado que auxilié días atrás. Me quedé estupefacto. Se llamaba Tomás y llevaba un gran collarín. Por lo visto le atacó un perro pastor vecino. Le expresé a José Manuel lo sorprendente de la situación y no pareció darle mucha importancia. La gente de la montaña puede ser de pocas palabras.

Le conté mis planes y me dijo que tenía una construcción abandonada en un campo que me podía interesar. A pesar de mi insistencia, no me dio detalles. Decía que tenía que verla con mis propios ojos. Los días antes de ir a verla pasaban como milenios y se aplazaban sin fin por mundanas cuestiones. Al final no lo pude resistir e interpretando dónde estaba por sus difusas indicaciones fui yo solo.

Sobre la ladera de un idílico valle, al borde de un arroyo, mimetizada entre el bosque y la montaña como un nido entre los árboles, yacía una estructura de piedra que no estaba en la montaña, sino que era montaña. Una estructura diáfana, un solo espacio, antigua cuadra en cuyo suelo reposaba una gruesa capa de estiércol. A pesar de que el zorro y la garduña habían recreado con las tejas del tejado un tormentoso mar, el techo se conservaba en buen estado. Lo más llamativo era su arquitectura. No se levantaba sobre el suelo, sino incrustada en la ladera. Como una cueva estaba metida en la montaña. Gran parte de sus muros eran subterráneos. Paredes que no eran paredes, sino roca pura. Por tramos era visible. Uno podía tocar la montaña desde dentro. En la esquina de una pared incluso se retorcía la raíz de una encina. Miraba a mi alrededor boquiabierto. No podía creerlo. Era, auténticamente, una cueva de ermitaño. Como las de los ermitaños del pasado. Lo había encontrado. Iba a cumplir mi destino.

Si los días que precedieron a conocer la choza pasaron como milenios, los previos a comenzar la construcción pasaron como eras geológicas. Se conservaba la estructura y el techo. Quedaba todo por hacer. José Manuel era albañil. Dejó claro que yo tomaba las decisiones. Planificación, diseño, organización, búsqueda y obtención de materiales. Un lienzo en blanco. Yo no había mezclado cemento en mi vida, ni ensamblado una tubería, ni empalmado un cable. José Manuel me enseñó mucho. Un año de construcción y camaradería juntos. Unas jornadas con él, otras jornadas solo. Antes de que yo entrara a vivir en la obra inacabada, desapareció. Aun así, es justo reconocer su contribución a lo que tienes en tus manos.

El campo llevaba abandonado veinte años. Solo para poder entrar hubo que rescatar como en una excavación arqueológica la cancela de la entrada enterrada bajo metros de tierra de escorrentía y zarzamora. Ya habiendo conseguido llegar a la casa nos volcamos en el proceso de un año de trabajos: el tejado, la solería, las rejas y ventanas, la puerta, enfoscar paredes, el doblado donde dormiría y soñaría y la escalera de piedra que subiría a él, y cientos de detalles e imprevistos que conforman una construcción. Las obras son agotadoras, pero los sueños no, y aquello era un sueño.

Una obra es un ejercicio diario de resolución de problemas. Un día me faltaba solería. Dejé un pedazo de suelo sin baldosas tras la puerta. Fui a Doñana. En Doñana no hay piedras. Solo en la playa hay algunas dispersas cada cierta distancia. Llevé una gran bolsa. Caminé kilómetros por la arena de la playa bajo una pesada bolsa cargada de cada vez más piedras. Volví a la montaña y las puse como solería en el pedazo de suelo que faltaba bajo la puerta. Ahí están. Tenía que ser así. A la choza se entra por Doñana.

Lo más épico fue la chimenea. Puede tentar pensar que una chimenea es un invento sencillo, un boquete en el techo por el que sale el humo. Nada más lejos de la realidad. Que una chimenea tire y no humee es una ciencia. Pasé meses estudiando la ciencia chimenéutica. Tenía claro que sería una chimenea abierta, aunque fuera menos eficiente que una de metal. Tenía claro lo vital que sería ver y escuchar el fuego en la soledad invernal, aunque no calentara tanto. El fuego acompaña. Había también dificultades añadidas al tiro de la chimenea, relativas a lo subterráneo de la casa y la cercanía de la ladera al tiro. Y, sobre todo, que donde tenía que haber fuego, había agua. En la pared de piedra de la montaña del interior de la casa, donde iría la chimenea, manaba una cascada. Llovía y se formaba una laguna sobre las piedras arcillosas. Para esto concebimos una audaz obra de ingeniería.

Primero, cual minero alumbrado con un farol, excavé un gran boquete y una galería para que la roca no entrara en contacto directo con lo que sería la pared. Una mina en la que no se pretendía encontrar oro, sino fuego. Luego canalizamos la laguna a un drenaje, y sobre la laguna edificamos la chimenea volando. Es una chimenea que levita sobre un bloque de hormigón armado suspendido sobre las aguas que corren. El agua que brotaba desde arriba la solventamos con cámaras de aire de ladrillo superpuestas, arropada la última por una tela impermeable. Sobre el manantial de la montaña flota imponente una chimenea sustentada por dos robustos pilares de piedra. Una chimenea dolménica, megalítica.

Pero la chimenea no tiraba. Estudié más la ciencia chimenéutica con preocupación. Sabía una cosa. Podía vivir en la montaña sin luz eléctrica o sin agua corriente, pero no sin chimenea. El hogar hace el hogar. Confié en que la solución radicaba en cambiar la inclinación del muro del fondo de la boca a unos exactos treinta y cinco grados y quitarle fondo. A esa solución aposté todo, pues en las nacientes luces del otoño entré a vivir en la obra inacabada en mitad de la incertidumbre de su construcción. El primer fuego que crepitó no lo olvidaré jamás. Lo sentí como el primer fuego de la historia. Esa chimenea podía soportar erupciones volcánicas. El hogar había hecho el hogar. Quedaba bastante por hacer, pero yo ya vivía en la choza, solo ante el horizonte. La vida monástica se había iniciado. El ermitaño tenía su ermita.

La vida en la choza transcurría sin luz eléctrica ni agua corriente. Me alumbraba con velas. Pronto me percaté de que las velas de este siglo no están hechas para la vida cotidiana en la oscuridad de la montaña. Alumbran poco y se gastan rápido. Acudí al pueblo en busca de las velas más grandes posibles y las mayores que encontré en el chino eran velas votivas del Papa. Y la choza se llenó inesperadamente de velas votivas del Papa, temblorosas como única fuente de luz en la oscuridad de la noche. Una choza en la montaña repleta de titilantes velas. Así escribía. Utilizaba corchos en forma de cuenco como candelero. Ocasionalmente podía prender un farol. Y, como Diógenes, portaba un farol, pero no buscaba a un hombre, sino a la humanidad. Para el ermitaño su cueva es luminosa, escribí.

Una noche bajé al arroyo en la oscuridad e, indignado, contemplé en la ribera lo que me pareció una colilla encendida. Me acerqué y era una luciérnaga. Un inexplicable ser que produce su propia luz. Me iluminaba fuertemente la mano, como un pequeño sol de medianoche. Y soñé con iluminar la choza con luciérnagas. Serían su única luz. El pacto no se concretó, pero seguimos de vecinos. De hecho, ha entrado una luciérnaga en la choza mientras escribía.

Cuando, con ayuda de mi amigo Pablo, llegó el momento de poner una plaquita solar, pareció milagroso. Una estrella a millones de kilómetros en el espacio exterior me iluminaba la noche con su energía. Qué logro de la civilización. Después de tanta oscuridad, solo apagada por velas, la Vía Láctea y la Luna, observaba el destello de las bombillas impresionado. Y la luz se hizo, de una estrella lejana a la choza.

Por otro lado, no tenía agua corriente, pero sí agua corriendo. El arroyo daba vida al valle, como el influjo de un dios. Mi agua corriente era un manantial. Un pequeño altar de musgo y frescura que manaba agua pura del corazón de la montaña. Al manantial de musgo y agua cristalina bajaba con cubos y garrafas. La montaña provee. Incluso en verano y en plena sequía seguía el manantial surtiendo desde las entrañas de la tierra un caño milagroso, al que cuando peregrinaba a por agua para beber miraba asombrado. Hay océanos dentro de la montaña. Uno de esos días vino a visitarme por sorpresa mi abuela. La magnitud de este acontecimiento fue tremenda y difícil de entender fuera del contexto familiar. Mi abuela llevaba sin salir de su campo años. Y vino mi abuela y, mientras otras visitas definían aquel lugar con palabras como *primitivo*, mi abuela se quedó pasmada mirando aquel manantial y me dijo: «Noé, lo que tú estás haciendo aquí es algo futurista».

A veces se aprende y a veces se desaprende. A pesar de haberme criado en Martinazo y que mi madre diera el pecho a mi hermano a la luz de las velas, toda mi vida consciente tuve agua corriente. Para mí era lo normal. Darle a un grifo y que saliera agua era el orden natural de las cosas. Hasta la choza, en que la dejé de tener durante mucho tiempo. Ahora cada vez que bajo de la montaña y abro un grifo de agua corriente y caliente es para mí como ver la aurora boreal. Un lujo inimaginable de la civilización. Pero es que eso es lo que es. Muchas veces es más poderoso desaprender que aprender.

En estas condiciones pateaba y exploraba el universo de la montaña. Era rico. No como metáfora o exageración, sino que me sentía realmente rico. Tenía tiempo, estaba donde tenía que estar y haciendo lo que tenía que hacer. Cuando pusiera el agua corriente sería ya directamente multimillonario. Cada día tenía plena consciencia de estar viviendo algo extraordinario. Cada amanecer volvió la sinfonía de los pájaros. Tejones, garduñas, comadrejas o búhos se cuentan entre los vecinos, e incluso en el arroyo he llegado a ver rastros de nutria. Hay tantos anfibios que más de una vez he esquivado un tritón, una salamandra o un sapo por el suelo de la choza. Compañeros de piso son, como un chochín que anidó en un hueco entre dos piedras arriba de la puerta, o las golondrinas que anidaron dentro del salón y me despertaban cada amanecer como gallos con su alboroto. El ruiseñor predica solitario en la noche de la montaña. Libélulas y efímeras de mil tipos rozan la superficie de las aguas. Y cada anochecer bajan de sus escondites en los montes las familias de jabalíes y ciervos a beber, consteladas por alguna luciérnaga. La soledad no existe. Pero existe. La cierva y yo nos saludamos cortésmente. Le doy las buenas tardes y le pregunto qué tal el día. Ella me mira inquisitiva. Y trae a su hijo. Cerca de la casa cae una cascada sobre una poza, y el sonido constante del agua es la ausencia de silencio más gloriosa que existe. Era la tierra prometida en el exilio.

Pese a lo idílico, allí con veintisiete años descubrí el dolor. El verdadero significado del dolor, solo y aislado. El dolor que siguió a la desintegración trágica de mi matrimonio. Un dolor tan insoportable como necesario, como ahora comprendo una vez que pasó. Es donde rayé la locura y me sumí en la desesperación. Cómo duele el alma cuando duele. Si uno lleva dentro el infierno, aunque vaya al paraíso, estará en el infierno. Y si uno lleva dentro el paraíso, aunque esté en el infierno, estará en el paraíso. Realmente hay que conocer el infierno para poder reconocer el paraíso, porque si uno solo conoce el paraíso, cree que es lo único que existe, que es lo normal, y ya no lo reconoce. Conozco el infierno. Estuve allí. Pero es algo de lo que no me extenderé aún aquí. Salí de él.

Las pelusas flotantes de los chopos recrean una atmósfera onírica. Como una lenta nevada que no cuaja en el calor primaveral. En el verano los chopos resisten en la ribera como reducto de selva, realzado por los cantos selváticos y el amarillo de la oropéndola. En el otoño se encienden incandescentes, como si un incendio quemara las hojas antes de caer. En el oscuro invierno los troncos deshabitados evocan nebulosas o raíces desnudas.

La alberca es mi acuario cenital. Sentado en el borde paso largos ratos absorto en la contemplación de este exuberante y cuidado ecosistema. Las ranas observan el mundo con su mirada simpáticamente tonta. Esos ojos saltones. Al croar en el agua, producen una onda. Al saltar sobre la superficie, a veces rompen el reflejo de una nube. A veces traban combates gladiatorios, también algo ridículos. Las notonectas viven el mundo del revés, de espaldas bajo la superficie, patrullándola con los largos remos de sus patas. Siempre ávidas de la caída de algún insecto indefenso al agua, a veces cae la pelusa de un chopo y una lo atrapa, ilusionada y confundida, para al poco volverlo con desdén a soltar. Entre las lentejas de agua, las larvas de tritón flotan ingrávidas con la melena de león de sus branquias ondeando con suavidad. Los majestuosos adultos, considerables dragones con crestas rojas o amarillas, son más prudentes. El tritón solo asciende a la superficie para tomar aire un segundo. Asoma su nariz un instante y vuelve nadando veloz hacia el fondo de la laguna. Como yo. La gente me ve solo en ese ínfimo instante en el que salgo a respirar. Mi vida transcurre en el fondo de la laguna.

Fascinación especial me crean las culebras de agua. Ver a una culebra deslizándose por el agua es un espectáculo sublime. La culebra no nada en el agua, es agua. Sin contar su indescifrable mirada o la armadura de pulidas y perfectas escamas imbricadas que cubre su extraño cuerpo. Si permanezco lo suficientemente quieto, una gruesa culebra de agua sale reptando a la superficie justo al lado mío, encima de un corcho que le tengo puesto para tomar el sol. Tan cerca que podría agarrarla con un rápido movimiento de brazo, pero la dejo. Estar inmóvil largo tiempo justo al lado de una culebra de agua me da la vida. A veces acude el macho y hacen el amor enfrente mía. Con esa estampa primaveral, retorciéndose recreados sobre el corcho flotante entre las flores, confieso que a veces me dan envidia. Y me pongo a leer.

Vivo con dos gatos, uno de tres patas y otro de cuatro. Luciérnago tiene tres patas y dos luminosos ojos verdes, tan expresivos que a veces parece una caricatura. Su hocico es fino y alargado, como de zorro, y su complexión también alargada, como de nutria o suricato. Su pelaje atigrado y suave termina en la inexplicable mota blanca al final de su cola, que le da nombre. Pícaro es un robusto y musculoso gato de cuatro patas e inmenso corazón, de hocico grueso y corto, lo que junto a su denso y atigrado pelaje pardo grisáceo le da un aspecto de pequeño puma o leopardo de las nieves. Luciérnago tiene tres patas solo matemáticamente, y trepa conmigo a los árboles y a la cima del monte, y enfrenta a otros gatos transformándose, erizado y entre temibles gemidos, en el legendario ataque de la cola de zorro. Los días que está de buen humor, que son casi siempre, ronronea sísmicamente al instante de ser tocado, incluso mientras duerme. Su ronroneo es como un terremoto, usualmente acompañado de placajes de amor. La comisura de su boca está curvada ligeramente hacia arriba en forma de sonrisa permanente, como un pequeño Buda. Loco genial, siempre inventando y en busca de aventuras, ejemplo para todos. Luciérnago se ha tumbado alguna vez sobre estos papeles en los que estoy escribiendo este libro tratando de boicotearlos. Pícaro, el gato de cuatro patas, es un gato que ha alcanzado la iluminación. Un gato iluminado. En su juventud lo poseyó un instinto de violencia. Atormentado, pegaba y sufría.

Le pegaba a Luciérnago tanto que he llegado a pensar que fue él quien en una pelea inició la cojera que lo llevó a perder la pata. Pero eso es una historia misteriosa y nunca lo sabremos. Lo que sí sabemos es que en algún punto se liberó y se dedicó a cuidarnos a los demás. Desterró de su vida la violencia y se redimió dando besos altruistas a todos los seres que se dejaran, especialmente a Luciérnago, al que cuida con ternura y esmero y protege de sus andanzas y locuras. Su insistencia hizo a Luciérnago superar el miedo y sentir confianza. Duermen juntos abrazados. Dormimos. Luciérnago busca sus cariños también. Se quieren. La hermosa convivencia que tenemos es gracias a él. No sé qué habría hecho sin ellos. Ambos son como guardianes del bosque, espíritus sintoístas. Los verdaderos monjes de este monasterio.

Así van pasando los días. Uno más, tras una tarde como otra cualquiera, cayó la noche y fui a acostarme. Apagué la luz y por las ventanas sin cortinas ni persianas la casa se inundó de luz de luna. Un resplandor plateado preñó la estancia. Dormí. Y soñé que la llanura de Martinazo se veía desde la choza. Sentado en un banquito de madera en la entrada, desde la altísima altura de la montaña divisaba sonriente el inmenso y llano horizonte de la vera. Se veía todo. Los bandos de aves volando, las manadas de vacas mostrencas pastando sobre la marisma inundada. Fue el sueño más bello y nítido que he tenido en mucho tiempo. Y significativo. Suelo soñar con Martinazo.

En las tormentas invernales, entran ganas de salir a la puerta de la choza y clamar al cielo relampagueante sobre el estruendo de la montaña: «¡¡qué quieres de mí!!» Las casas normales tienen humedades. La choza tiene surgencias de agua. Yo amo la choza con sus surgencias de agua. Aunque a veces se inundara tanto que más que una choza pareciese un balneario. Con el tiempo, a la gota que mana de la roca de la pared en los diluvios le he cogido un punto espiritual.

En la choza se experimentaron colaterales proyectos. Tuve un rebaño de cabras por un tiempo que ordeñaba a mano para vender la leche en el pueblo. Desafiaban las leyes de la física y tuve que dar un golpe de Estado. Una larga historia. Por un tiempo pululó Camellita, cabra que se creía perro, a veces mono, y si me despistaba irrumpía en la mesa del salón comiendo mi pan. Y un burro nonato estaba entonces en camino. Si era macho lo llamaría Atlas, el titán que sostiene el mundo sobre sus hombros. Si era hembra la llamaría Atenea, diosa de la sabiduría, como reivindicación. Juntos haríamos la entrada triunfal en Aracena y recorreríamos los caminos. Pero no pudo ser. Donde había un impenetrable mar de zarza se abrieron las aguas del mar verde y quizás haya un huerto. También en el campo se han puesto colmenas. Pero esto no es un fin, sino un medio para un fin. El fin es la creación de mi obra. *Ora et labora* es la regla. Muchos me preguntan que por qué me he alejado. Les respondo que no me he alejado, sino acercado. También viene gente y me pregunta qué ando escribiendo. Esa es la cuestión. Qué ando escribiendo. O si lo que estoy escribiendo lo estoy escribiendo o me está escribiendo a mí.

En mi soledad, todo se reduce a la primera persona del singular de los verbos creer y crear. Creo porque creo, y al revés. Creer en el crear y crear en el creer. El problema viene cuando falla esa lógica. Hay sequías. Y puede transformarse en no creo porque no creo. Decaen mis fuerzas y el dolor es inmenso. La realidad se parte y se quiebra y el pecho me arde en carne viva. Como un río o unos vientos que me llevan en los que si estoy inmerso todo fluye, pero si dejo de encontrar su cauce estoy trágicamente desamparado. Esta lógica no es perfecta, hasta llegar a puntos que pueden resultar peligrosos mantenidos en el tiempo. Estoy en proceso. Cada uno ha de encontrar la suya, para eso hemos venido.

Hay días que me siento invencible y puedo contra todo y contra todos. Hay otros en los que siento que la carga que me he impuesto es demasiado pesada. Esos son terribles. El cielo se oscurece en la montaña y retumba como si se resquebrajara y fuera a caer sobre nuestras cabezas. Eso que dijo Nietzsche y a veces recuerdo de «yo no aspiro a la felicidad, sino a mi obra» es un sacrificio difícil de afrontar. Pero inevitable. No hay otro camino. En la choza toqué cimas y abismos. Mas los abismos no quitan las cimas.

Los eones se sucedían mientras escribía. Como hago ahora mismo. En la oscuridad de la noche, las estrellas se aplastan contra la choza. La negrura del cosmos nocturno penetra hasta la tinta de mi pluma. Con la que escribo que la soledad es inconmensurable. Tan omnipresente que siento que la puedo tocar con las manos. Tan maciza como la montaña que la sostiene.

El crujir y crepitar de las llamas muchos pensamientos ha dictado. Como si la chispa que explota y se enciende y flota incandescente se contagiara. La leña de castaño chispea mucho. Y mucha leña se quemó. A los pocos meses de la vida en la choza terminé el libro que había venido a escribir. Aunque, al final, el libro que había venido a escribir no fue aquel, sino este. Formalmente me impuse unos criterios estrictos, que me costaron mucho tiempo resolver, si es que están resueltos. Demasiado estrictos. Todo radicaba en la universalidad. Quería que fuera comprensible y estético para cualquier persona de cualquier cultura del mundo, formación intelectual y época. Es un libro escrito en el más cerrado hermetismo. Apenas nadie, siquiera mi familia más cercana, sabía de su existencia ni su escritura. Creo que creían que me había rendido.

Finalmente, se publicó. Está escrito. Podría decir que, afortunadamente, el libro fue mal, porque quien no escribe para el presente sino para la posteridad ha de pasar por la incomprensión de su época. Pero en realidad hoy creo que en su mayor parte no está bien escrito. Veo sus carencias. En parte me hubiera dado pudor volver a ponerlo aquí, y si lo nombro es porque quizás pueda aportar como lección de algo. Puede que facilite la comprensión del libro que lo sucedió o la vida que lo contiene. Es primerizo y basto. Sus defectos son evidentes y, aunque me abochornen un poco, ojalá al menos sean instructivos. Es curioso cómo puede cambiar la visión de uno sobre algo que ha hecho con el paso del tiempo. Cuando lo ha dejado atrás. Por todo esto, durante algún tiempo dije que ese libro ya no existía, sino que existiría cuando terminara el siguiente, que sería el primero. Quizás algún día mire el libro que estoy escribiendo ahora como miro ahora ese. Lo veremos. Cuántas vidas puede contener una vida. En fin. Si tan solo fuera capaz de expresar lo que siento.

A día de hoy puedo decir que nadie entendió ese libro. Quizás ni yo mismo. Supongo que una de las luchas de mi vida será que mi mensaje no se malentienda, como tantas veces pasó. Así las cosas, después de un tiempo en el que no pude enfrentarme al dolor del mundo, escribí este otro libro para explicar el libro.

EL MALENTENDIDO ORIGINAL

ÍNDICE DE
EL MALENTENDIDO ORIGINAL

I

PRELUDIO

Hay cosas en este mundo inexplicables, como que dos personas que se enredaron en besos infinitos durante años no puedan hablarse ni más que mirarse un fugaz instante al cruzarse por la calle. Hay cosas inexplicables, como cuando se rompe el alma. Otras cosas, pocas en esta abrumadora existencia, quizás lo son. Este libro trata sobre las que son.

Y entre las pocas que son, se debe encontrar la historia de la humanidad. Aceptamos que los designios del insecto más minúsculo o del mastodonte más enorme están regidos por leyes naturales inmutables, pero en cuanto al ser humano y su historia nos obcecamos en que transcurre en una suerte de caos inexplicable. Basta consensuar que algo es imposible para hacerlo verdaderamente imposible. El consenso ha terminado.

En ocasiones he tenido varios niveles de sueño. Sueños vívidos de los que he despertado, doblándose la realidad cada vez más onírica. Y cuando menos lo esperaba he vuelto a despertar de nuevo, ya en este mundo en el que escribo. Quizás algún día despertemos de ese sueño que llamamos realidad. Como un sueño dentro de un sueño, este es un libro dentro de un libro.

II

LA CAÍDA

De las extrañas maneras en las que pudo ser, solo puede decirse que debió ser como el hombre, al construir ciudades, construye galaxias en el horizonte nocturno sin saberlo. Como grabados rupestres detrás del musgo, quedó oculto para nosotros. Quedó sepultado y latente, como cerámicas antiguas bajo campos olvidados. Fue al principio de la historia. Y se puede conjeturar sobre cómo o de qué maneras ocurrió. Pero en realidad, da igual el cuándo y el cómo. Lo importante es que es reconocible atravesando las épocas y seres humanos que las vivieron. La definición es simple. El malentendido original es la brecha con la naturaleza que nos hizo caer en ideas irreales que nos hacen daño.

En el principio los humanos inventamos explicaciones irreales y las sentimos como reales, y sobre ellas se construyó todo. Todo nuestro mundo, toda nuestra historia, todo nuestro ser. Ahí empezó el gran malentendido. Llegó a nosotros como a todos, transmitido de generación en generación desde el inicio, sembrado en la historia personal de nuestra vida desde que llegamos a este mundo. Arraigó y creció bajo el manto de los cuentos que nos contaron. Y nos empujó a perseguir las vanidades más vacías por creerlas reales. Como en las lagunas de Doñana, en las que el sol, los pinos y las nubes se reflejan más reales que en la realidad.

Así nos sucede. Soñamos. Algunos sueños son bellísimos. Otros nos destruyen. Sombras que nos hacen daño y hacer daño. Sombras que nos llevan a que los problemas más dolorosos de la humanidad sean los que se inflige a sí misma. Podría no ser así.

Todos nuestros malentendidos componen el malentendido, como gotas en la lluvia. Como cada uno de nosotros compone el género humano. Será distinto según nuestra cultura o lugar de origen y, sin embargo, será el mismo. El mismo que ha encarcelado a la historia repitiéndola una y otra vez. El mismo que hay que vencer. Y si bien el malentendido que late en cada uno de nosotros es la raíz de los males del mundo, también puede ser la raíz de su liberación.

III

PRESENTE

Hubo un momento de la historia en que los hombres cercaron sus poblados con murallas. Piedra sobre piedra fortificaron muros en torno a los poblados, que defendían la frontera entre el sentido común y la barbarie. Aunque en realidad, las murallas existían mucho antes de que se levantaran y existen mucho después de que se derribasen. Toda la humanidad sigue cercada por murallas. No hay más que murallas.

Pero qué sé yo, aparte de que esta imagen vino a mí en un sueño. O quizás sí sé algo. Quizás. Quizás sé que esta es una idea falsa. Que unos se creen unos y otros se creen otros, pero no hay ni unos ni otros. Que falsas ideas conducen a falsos problemas. Y unos van contra otros por creer que lo son. Que falsos problemas conducen a conflictos imposibles: como Israel y Palestina, como España y Cataluña, como Rusia y Ucrania, como humanidad contra humanidad. Que los conflictos imposibles no se pueden resolver en sus propios términos: que hay que salir de sus propios términos para resolverlos, porque sus propios términos son falsos. Que esta ecuación se aplica a cada aspecto de la sociedad.

Abrimos un atlas del mundo y vemos las tierras y los mares poblados de barras y líneas, las mismas que observamos en las constelaciones. En uno de los recintos del atlas situamos el país al que por el azar más misterioso de los azares nos tocó pertenecer.

En este tiempo y época de la historia. Lo reconocemos y sentimos, como reconocemos el sol de cada día y sentimos su calor. Y, sin embargo, ¿dónde están las líneas que cuartean las tierras de los mapas como la sequía cuartea el barro? Id a buscarlas debajo de las alambradas construidas por manos humanas y contad lo que habéis visto bajo el polvo del suelo. Nada. Habitan el lugar donde moran las constelaciones. ¿Dónde están las constelaciones que alinean las estrellas en el cielo de la noche? En ninguna parte. O lo que es lo mismo, en la imaginación de los fantasiosos seres humanos, los más soñadores de los animales. Y en las constelaciones de la tierra nacemos, envejecemos y morimos.

Desde la nada o el todo o saben los dioses qué, nos encarnamos en el vientre de nuestra madre. Flotamos en la oscuridad, como una galaxia. Y desde el líquido ingrávido y apacible nos expulsan a la selva de ahí fuera. Nos deslumbra la luz y nos bautizan con un nombre. El vocablo en el que algún día nos reconoceremos, aprendiendo la lengua de la región que nos tocó. En el nombre latirá un género. En el género, una forma de ser y comportarse. Ahí empiezan a colgarnos uno de los muchos y pesados atuendos que cargaremos el resto de nuestra vida. Hasta que se conviertan en nuestro ajuar. Y estén enterrados tan profundos que se confundan con nuestros restos.

Pero hoy no es ese día. Pues recién hemos nacido, y nos están vistiendo de una manera u otra, obsequiándonos con unos u otros presentes o palabras, dependiendo de lo que en nuestra cultura y época signifique nuestro sexo. Todavía no nos enteramos de mucho. No manejamos el misterio de los sonidos y las palabras. Pero es cuestión de tiempo. Observamos y absorbemos, como un pequeño filósofo. Pronto, por imitación de los mayores que nos cuidan y rodean, como un dios en el principio de la creación poniendo nombre a las cosas del mundo, pronunciaremos nuestros primeros nombres.

La cabra nace y anda, el pez emerge y nada, la serpiente eclosiona y repta. Nosotros estamos indefensos. Balbuceamos. Somos una criatura minúscula. Nuestro cuerpo rechoncho y flácido apenas puede agitarse. Ni por sí mismo alimentarse. Nuestra madre nos mece en sus brazos y nos da el pecho. Nos canta para que dejemos de llorar. Pero el mundo a veces es demasiado descorazonador. También reímos antes de saber hablar. Por muecas y tonterías, sonreímos y estallamos a carcajadas con nuestros padres. Porque sin la risa el mundo sería demasiado descorazonador. Y porque puede que una vez aprendamos a hablar no volvamos a reír más así con ellos.

Todo es cambio, y nuestro cuerpo también. Como el renacuajo se transforma en la rana, la oruga en el escarabajo o la semilla en el árbol, crecemos. Con la imperceptible constancia con la que brotan las plantas sobrevendrá la metamorfosis. Se estiran los huesos y se endurecen los músculos. Hasta que, por otro misterio insondable, podemos usarlos a voluntad. Quiero mover un brazo y lo muevo; quiero mirar con extrañeza mis manos y las miro; quiero cerrar los ojos y los cierro. No sé cómo sucede, pero sucede. Y nunca lo sabré. La existencia es lo más extraño de la existencia.

Hago estas cosas, quiero andar y no puedo. Gateo arrastrándome por el suelo. Para levantarme sobre dos piernas me apoyo en muebles y cojo la mano de mis padres, la que soltarán algún día para no volver a coger. Me yergo solo y me caigo. Me levanto. Y un día, momento y lugar exactos, como un astronauta sobre un planeta lejano, nos mantenemos en pie y damos nuestros primeros pasos.

Depende de si habitamos una aldea o una ciudad, una choza o un palacio, una región u otra del mundo o si seamos niño o niña, jugaremos unos u otros juegos. Pero no importa en qué lengua sean los cuentos que nos narren. Serán distintos los juguetes, los compañeros, las fantasías. Pero que jugando nos sorprenderá la adultez será lo mismo. Primero andaremos desnudos y no nos avergonzaremos. Luego, como Adán y Eva comiendo el fruto del árbol del bien y del mal, nos avergonzaremos de nuestra desnudez.

Entretanto irrumpirá la adolescencia en la que nos creeremos persona, y si la palabra adolescencia no proviene de adolecer una enfermedad, debería. Nos enamoraremos y comprenderemos todas las canciones del mundo. Nos volveremos tan incomprensibles para nosotros mismos que tendremos que empezar a comprendernos de nuevo. Ya empezaremos a tener claro que pertenecemos a un grupo, quiénes son los míos y quiénes son los otros, y tales cosas.

Estudiaremos y, cuando menos lo esperemos, devendremos en miembro hecho y derecho de la sociedad. La sociedad nos acogerá sin problemas, si seguimos sus pautas. Lo que les pasa a los que no las siguen no importa, pues nos pilla distante y solo les pasa a los locos y parias incomprensibles. Nosotros las seguiremos.

Conseguiremos un trabajo. Formaremos una familia, según el esquema familiar que nos tocó en nuestra cultura. Respetaremos los tabúes. Amaremos a quienes tengamos que amar y odiaremos a quienes tengamos que odiar. Distinguiremos bien quiénes son los nuestros y quiénes son los otros. Nos atrincheraremos en certezas. Y en definitiva, diremos lo que haya que decir y haremos lo que haya que hacer. El sentido de la tradición que nos tocó poco importa. Porque nos tocó. Creeremos que tenemos algo de margen individual para sobreponernos por encima de todo esto y decidir quiénes somos. Pero es menor del que pensamos. Y, entre los días y noches que se suceden sin descanso, envejeceremos. Llenaremos nuestra memoria de recuerdos. Nuestro cuerpo se marchitará. Y, cuando mejor manejamos los argumentos y las reglas del juego, o quizás cuando se nos empiezan a resquebrajar, viene la muerte. Este es el gran misterio de la vida: no sabemos cuándo acechará su término, pero sí que tendrá término. Nos iremos como vinimos. Pues mortales somos y tal es nuestra condición. Han de venir otros. El tiempo es fugaz. La vida es breve.

Esta es la historia universal de cada uno de nosotros. El recorrido universal por la identidad. Esta es tu historia y la mía, la de nuestros padres y la de los padres de nuestros padres y la de los primeros antepasados fundadores de la especie humana. Somos los cuentos que nos contaron. Es difícil saber lo que realmente somos debajo de todo esto. Quizás nuestra persona sea la primera superstición.

En una vida están todas las vidas. En todas las historias está nuestra común historia. Así como los problemas de nuestro tiempo son los de todos los tiempos y en un conflicto están todos los conflictos. ¿En qué se basan los cuentos que nos contaron? En nada. O lo que es lo mismo, en el malentendido original. Que llevamos todos dentro. Esto podría no importar mucho, ser inocuo o incluso arrancarnos una sonrisa por la ingenuidad de nuestra especie. Pero es que los cuentos que nos contaron, los que forman la persona que somos y creemos más reales que la realidad, nos hacen daño.

Como hablamos, el ser humano normaliza lo que tiene cerca, viendo como normales las cosas más raras. Quizás eso explique que no se asombre ante lo paradójico de que la mayoría de los problemas de la humanidad sean los problemas que la humanidad se crea a sí misma. Ser humano es difícil. No entiendo por qué lo hacemos más difícil. Como si los del mundo no fueran suficientes, no paramos de meternos en problemas imaginarios. Todas las ruinas de torres defensivas, fortalezas y castillos en lo alto de riscos dan testimonio de ello. Tenemos que defendernos los unos de los otros.

De tales delirios que atormentan al ser humano, la división ha sido de los que más sufrimiento ha causado. Unos se creen unos y otros se creen otros. Pero no hay ni unos ni otros. Pues las fronteras e identidades son ilusorias. No existen más allá de las mentes que las piensan, y si no hay nadie que las piense, no existen. Cuando viajo a Portugal y cruzo el largo puente sobre el ancho río que hace de frontera, el Guadiana, sobre la vasta extensión de agua nunca puedo evitar preguntarme: ¿en qué punto exacto de este río se supone que se parte un país y otro? ¿Dónde flotan las gotas de agua exactas que lo dividen? La respuesta es siempre la misma. El asombro también. No hay frontera. Tan solo mucha gente imaginándola. Y eso hace que a un lado del río hablen un idioma y al otro, otro. Y que unos se sientan unos y otros, otros. Y que unos tengan unos rituales y costumbres y otros, otros. Y que se emocionen con una tela bordada de símbolos y colores distinta. Somos seres extraños. El otro es una superstición.

Unos se sienten unos y otros se sienten otros. Una vez más, por los cuentos que nos contaron. Como el alfarero da forma al barro en el torno, así la cultura nos dio forma. Pero la cultura que nos formó no se basó en la naturaleza de las cosas y el mundo real, sino en la desbordante imaginación de nuestra especie. La convención quedó separada de la naturaleza en el principio. Y unos se creen ucranianos y otros rusos, y unos israelíes y otros palestinos, y unos españoles y otros marroquíes. Y dentro de cada grupo se escinden más grupos, como un sueño dentro de un sueño o un libro dentro de un libro: y en una misma sociedad unos se creen católicos y otros protestantes o hindúes, unos de derecha y otros de izquierdas, o liberales, o progresistas o conservadores. Unos nobles y otros plebeyos, unos de una clase u otra, de una etnia u otra. Cada cual con sus propias y heredadas tradiciones, dialecto, estética, valores, gustos y visión del mundo. Como en las ramas de un frondoso árbol, la humanidad se divide y subdivide. Una inmensa copa que es belleza, si no se olvida el tronco. Y el tronco común hace mucho que se olvidó, si es que alguna vez fue recordado.

Jamás se debe sacrificar la exuberante riqueza del género humano. Unidad no ha de representar uniformidad. La diversidad, dentro de la unidad, es belleza. Dentro de la separación, soledad y caos. Las diferencias son bellísimas cuando se recuerda que no existen. Si se sabe que solo son ornamento. Cuando no se recuerda, que ha sido siempre, ha estallado la barbarie.

Una vez que el otro es otro, las justificaciones para oprimirle pueden ser muchas. Rechazo al otro por ser otro. Porque según los cuentos que me contaron hay que rechazarlo por ser negro, judío, árabe o mujer. Rechazo al otro porque piensa o actúa distinto a como creo que es correcto según los cuentos que me contaron. Si mi semejante no profesa las creencias que yo profeso, ya no es mi semejante. Si no comparte mi pensamiento acerca de lo que está bien, hay cosas que considero buenas y necesarias, y no hace. Si no comparte mi pensamiento acerca de lo que está mal, hay cosas que considero malas e inaceptables, y hace. De una forma u otra, es malo. Y el mal se castiga. Esto explica muchas cosas. Por qué un hombre apalea a otro hombre por estar enamorado de otro hombre o una mujer de otra mujer. Por qué personas queman en la hoguera a otras por adorar algo ligeramente distinto mientras les gritan «herejes». Por qué personas escapan de su tierra perseguidos por sus creencias o religión. Por qué alguien es condenado a prisión o fusilado acusado de comunista o fascista o de defender ideales que difieren de los comunes.

Todos tratando de hacer un mundo mejor y, sin embargo, haciendo un mundo peor. Todos tratando de luchar por lo que creen que es el bien. La cuestión es por qué tantos, queriendo hacer un mundo mejor, lo hacen peor. Porque tratan de conseguir un mundo mejor persiguiendo ideas falsas que conducen a falsos problemas y conflictos imposibles, encadenados por un malentendido que nos obliga a dañarnos, haciendo así un mundo peor.

Cómo nos hemos destrozado. Tanto dolor. He de confesar que me cuesta indagar y escribir sobre esta parte. Me pasa lo que me contaba mi abuela que, al intentar pensarlo, al tratar de comprender por qué nos hacemos tanto daño los unos a los otros, algo se rompía dentro de ella. Algo se rompe también dentro de mí. La humanidad duele. Pero hasta que no lo comprendamos del todo no podrá superarse. Hay que persistir.

Entonces. Esto explica muchas cosas, pero no todas. Durante milenios unos humanos han arrebatado a otros lo que tenían o, poseídos por un afán de poseer más, no han dejado que el otro tenga nada. Los que no han tenido nada sí han sufrido. Los que ya tenían todo no han sido más felices por tener aún más. Qué sentido tiene.

Una relación de poder es cuando las condiciones materiales de uno dependen de otro. El trabajador depende del empresario, el ciudadano del gobernante, el arrendado del propietario, el pobre del rico. Cuando el poderoso del que dependen las condiciones mantiene que estas sean tan precarias para el otro como para causarle sufrimiento, a eso llamamos explotación. La cuestión es qué lleva a alguien que ya tiene suficiente a hacer sufrir a otro para tener aún más. Ese es el mal que venimos buscando. El que lleva a unos a explotar a otros.

Y lo busco y lo busco y ya pasó en la montaña el otoño y el invierno y ya es casi primavera, y entre los cantos de los pájaros y las flores sobre el verdor y el sol que ya calienta hay que seguir buscando, aunque mi alma se resienta ya algo extenuada por tal soledad tan enfocada en cosas menos bellas. Solo un poco más. Pues no alegra precisamente el espíritu recrearse en cómo los hombres han desbaratado su historia, pero más triste aún sería rendirse y dejar que esto persistiera para siempre, sin dejar un día en que nos podamos sentar a ver el arroyo pasar. Llegará. Pero hoy, aunque escucho el arroyo desde la puerta de mi cabaña y vislumbro ladera abajo el brillo del sol conducido por la corriente, me concentro en las locuras insensatas de nuestra cenutria especie. Y me pregunto en este día desgarrado y exhausto por qué nos hemos hecho tanto daño explotándonos los unos a los otros y lo que veo es codicia.

La codicia es el deseo sin fin de acumular lo que está fuera, ya sean bienes materiales, dinero, fama, estatus o poder. Es decir, es el deseo sin fin de acumular lo que se considera riqueza. Este afán consume el corazón humano como una enfermedad. Cuando esta enfermedad devora el alma, el deseo de tener más se antepone a todas las cosas, incluido al bienestar del prójimo. Al sufrimiento de mi semejante. Se apodera de mí un egoísmo desmedido en el que solo importa acumular y me olvido del dolor ajeno. El dolor de mi semejante vale menos que el hecho de que yo tenga más. Así, para tener más, el ser humano devorado por la codicia no duda en explotar al otro haciéndolo sufrir en su beneficio. Teniendo ya suficiente, pero ansiando más aún. Tal es la ceguera.

He aquí un pilar del mundo humano: uno presta un bien material o un servicio a otro, que normalmente es fuerza de trabajo, a cambio de que se le devuelva una retribución. El amo provee techo y comida y dispone del dominio sobre su esclavo. El siervo trabaja la tierra que no posee a cambio de un poco del trigo que labra en esta y poder comer así un poco de pan. El trabajador presta su fuerza de trabajo al propietario a cambio de un sueldo con el que poder intercambiar lo indispensable para vivir. En este sistema de intercambio, hay evidentes asimetrías en el reparto, desigualdades. Un rico es rico porque posee multitud de cosas: mansiones, objetos de lujo, propiedades, tierras, capital, dinero, cosas. El pobre es pobre porque no posee nada, a veces ni a sí mismo. La riqueza de quienes más tienen depende de quienes menos tienen, y las condiciones de los que menos tienen dependen de los que más tienen. La riqueza del amo depende de los esclavos que trabajan sus plantaciones de algodón. La del terrateniente, de los jornaleros que trabajan sus campos de trigo u olivares. La del propietario moderno, de los trabajadores que producen en sus fábricas u oficinas.

De lo que generan los trabajadores, el propietario saca un beneficio, que genera su riqueza: la diferencia entre lo que invierte en cultivar un campo y lo que ingresa al vender la cosecha, o entre lo que cuesta fabricar un producto y gana al venderlo. De la ganancia el propietario es el dueño, y es el que decide cuánto repartir entre los trabajadores que la labran.

Es aquí donde se genera una relación de poder en la cual las condiciones materiales y vitales del trabajador dependen del propietario, del poderoso. Si el amo no provee techo y comida al esclavo, lo matará de hambre. Si el señor feudal no permite quedarse al siervo con una suficiente porción del trigo, lo llevará a la inanición. Si el propietario moderno no paga un sueldo suficiente al trabajador, lo sumirá en la precariedad.

Y es aquí donde entra la codicia. Porque, cuanto menor sea el reparto, mayor será el beneficio. Cuanto menos gane el trabajador, más ganará el propietario. Mantengo al esclavo solamente porque me reporta un beneficio. Cuanto menos tenga que gastar en mantener al esclavo, más beneficio me reportará. Si sus condiciones son mínimas, las mías serán máximas. Por eso el amo ha explotado a sus esclavos, el noble a sus vasallos, el burgués a sus obreros o el empresario moderno a sus trabajadores. Esclavos, siervos, trabajadores. El nombre ha ido cambiando. La esencia ha sido la misma. Unos haciendo sufrir a otros para poseer aún más. La codicia es la raíz de la explotación entre los seres humanos.

Pero esto no se debe a iniciativas individuales, sino a estructuras heredadas de poder. Ni siquiera creo que los que explotan sean conscientes en muchos casos. Los hombres heredan esta forma de relacionarse y lo ven como normal. Lo único que hace falta para que en un sistema unas personas posean lo que no gastarán en mil vidas mientras otras desesperan de hambre y miseria es que suficientes personas crean que deba ser así. Hasta el colapso de un sistema sus ideas estarán tan arraigadas de forma más o menos subliminal por la masa, que en muchos casos será el propio explotado el que defienda las condiciones de su propia explotación.

Allá donde ha habido opresores y oprimidos ha habido un sistema que justifica por qué los hay. Hay argumentos que legitiman el orden establecido. Y, repetidos desde siempre, pueden ser muy convincentes. Una vez más, los cuentos que nos contaron en la historia universal de cada uno de nosotros.

Como sucede con nuestro propio sufrimiento, la carga del sufrimiento que provocamos en otros es más liviana si la investimos de un sentido. Pueden ser muchos. Que sea lo más natural o moralmente adecuado. Que sea lo mejor para el funcionamiento del mundo o la economía. Que sea inevitable. Con una aleación recurrente. Como el terremoto tiembla antes del volcán o del tsunami, así división y codicia han acostumbrado a sembrar el caos juntas. El esclavo de la plantación de algodón es esclavo porque es negro e inferior. El de la India porque pertenece a una casta diferente. El de la industria porque no tiene estudios ni más que la fuerza de sus manos. Es su condición. Y entre todos los esclavos, las mujeres. Porque por ser mujer debe obedecer y servir al hombre sea así vejada, maltratada, tratada como mercancía o propiedad. Esclava de esclavos. Siempre se ha procurado buscar un otro. Es mucho más fácil saquear y explotar a los que se considera otros.

No es poco. Pero este impulso de acumular cosas externas se ha cobrado otros problemas graves de la humanidad aparte del abuso entre prójimos. Una aldea ataca a otra aldea para saquearla, o una nación a otra nación. La codicia se ha cobrado muchas guerras y muchas víctimas. Una crisis económica no es más que una agudización de la opresión del hombre por el hombre. Un político o un funcionario roba los recursos de la sociedad a la que tiene que servir por codicia. El poder corrompe por codicia. El político o el líder que ha de velar por el bien común y la unión y convivencia de la sociedad siembra la discordia inflando, manipulando y extremando sus posiciones para favorecer su interés en la lucha por el poder. La codicia siembra polarización. La política no ha sido la búsqueda del interés general, sino del interés propio. Por el ansia de consumir y producir más cantidad de cosas se envenenan los suelos, los aires, las aguas y la supervivencia de las generaciones futuras y no tan futuras. La codicia está llevando al colapso. Maldita sea, qué largo se me ha hecho de escribir este capítulo.

De modo que los destrozos, la explotación, guerras, corrupción, polarización o el colapso provienen del ser humano persiguiendo acumular cosas como el sol persigue al ocaso cada día. La cuestión es por qué ansía lo que ansía. Por qué ambiciona las riquezas, y por qué considera riquezas a las riquezas.

Consideramos riqueza a poseer muchísimas cosas que no necesitamos. El por qué se considera riqueza a acumular cantidades ingentes de cosas innecesarias hay que buscarlo en los cuentos que nos contaron, en la historia universal de cada uno de nosotros. Allí nos dijeron que tener más es ser más. Nos enseñaron que es lógico desear el dinero para tener un carnaval inabarcable de trastos inútiles: más coches y más lujosos, más casas y más espectaculares, más ropa y más cara, más joyas y más ostentosas. Más, siempre más. Es el signo de estatus. Y el niño que somos crece bombardeado de publicidad y referentes e ídolos ratifican el mensaje de que ese es el signo del éxito. En eso consiste triunfar en la vida. Eso es la meta deseable. Y lo admiramos y anhelamos.

Al final, eso que llamamos riqueza no es más que un símbolo de poder. Eso es lo que nos enseñaron a codiciar. En cualquiera de sus formas, que son muchas: jerarquía, estatus social, fama, prestigio, notoriedad. Distintas caras de una misma moneda. Idolatramos el poder por el poder. Sin más fin que el poder mismo. No para hacer un mundo mejor, sino por el mero deseo egoísta de poder. Porque nos dijeron más o menos veladamente que está bien así. No importa el para qué, solo importa obtenerlo. Seremos más porque tendremos más. Y con el poder llenaremos nuestro ego. Lo que se codicia, al final, es el ego. Hemos creado una sociedad basada en el lado oscuro del ego y lo estamos pagando.

Nos embarcamos a la persecución de las vanidades y pasiones y confundimos felicidad con placer. Lo que las vanidades proporcionan es efímero placer, una sensación fugaz tras la cual habrá que volver a empezar. Por eso cuando conseguimos algo, por mucho que lo hayamos anhelado y luchado, el placer nos durará un rato, y pronto querremos más, conseguir otra cosa que nos procure más placer. La felicidad es sostenida por cimientos sólidos y profundos. El placer se escapa como agua entre las manos. Y nos atrapará en una espiral en la que siempre querrá más y más, sea lo que sea lo que consiga. Hasta padecer la enfermedad de la codicia en la que nunca es suficiente. Nunca se llenará nuestro vacío. Y no solo no nos llevará a la felicidad, sino que nos llevará a la insatisfacción permanente, y la insatisfacción permanente nos llevará a la infelicidad y al sufrimiento.

Me gusta tirar un corcho o pedazo de madera al cauce del arroyo y observar cómo la fuerza de la corriente lo arrastra como las vanidades me arrastran a mí. Golpeándolo contra las piedras. Como el corcho arrastrado por los rápidos de la corriente, así somos arrastrados por los deseos y las pasiones. Tanto sacrificio, tanto sufrimiento, tanto egoísmo, tanta destrucción, tanta oscuridad y no solo ni siquiera nos llevará la codicia y el ego a la felicidad o plenitud, sino que nos conducirá a la insatisfacción permanente y al sufrimiento y al caos. Sombra y ceniza. Tanta desolación y ni siquiera cumple lo que promete. Tal es la vanidad de las vanidades. Tal es la vanidad de la codicia.

Recapitulando: los tipos de opresión entre los seres humanos se dan por la división de considerarse otros, por la de pensar o actuar distinto y por la de ansiar extraer un beneficio del que se considera otro. Y todos ellos se basan en la irrealidad. Puede que estas conclusiones se vean obvias. Quizás sean obvias. A mí me ha costado muchos días y muchas noches llegar a ellas. Pero ya está. Ya está escrito. He aquí la piedra sobre la que se edifica el dolor y la desolación entre los hombres: la vanidad y la nada. No hay más que futilidad en lo que nos ha empujado a destruirnos entre nosotros. No hay más que vanidad en las vanidades.

Perseguimos sombras. Sombras que nos duelen. Una serie de vanidades nos separa de la realidad y nos induce a infligirnos daño. Como individuos y como humanidad. Ya fue escrito. El malentendido original es el conjunto de vanidades que nos atormentan. Una esclavitud que oscila desde la división de la humanidad, el conflicto entre su dispersión, la codicia y la destrucción del mundo hasta las oscuridades de nuestro ego. Aquello que se nos insufló en la historia universal de cada uno de nosotros. Nos fue transmitido de generación en generación. Un malentendido que nos llegó desde el principio de los tiempos. Y si bien es uno, cada uno guarda el suyo. Y cada uno debe enfrentar y superar el suyo.

Siempre estuvo ahí, desde el amanecer del ser humano. Manifestándose una y otra vez, en toda época y lugar. La historia se repite, y la repetición de la historia es el malentendido repitiéndose. Los mismos males, los mismos conflictos, los mismos problemas, las mismas tesituras, las mismas penas. Heredado y repetido de generación en generación por cada región y cultura. Infundiéndonos su esclavitud, su absurdo, obligándonos a consumarlo. Perpetuándose a través de nosotros. Mientras se siga transmitiendo, la historia se seguirá repitiendo. Hasta su próximo fin. Mas un malentendido se supera entendiéndolo. Y superando el malentendido cada uno de nosotros irá dejando de transmitirse, y dejando de transmitirse se superará el malentendido original. Es hora de romper la rueda. El fin de la repetición será el acontecimiento que separe el avance del tiempo del avance de la historia. Por eso hasta ahora no hubo ninguna revolución, y todo lo que se han llamado revoluciones no han sido más que cambios en la superficie de lo mismo. Porque esa será la primera revolución. La que está por llegar. Sí. Creo que estoy empezando a entender lo que escribo.

En realidad, todo esto que escribo y a lo que me encomiendo empezó por una palabra que desde mis inicios no me he atrevido a volver a escribir ni pronunciar. Pues todo comenzó cuando, en aquellos tiempos adolescentes, me pregunté qué es la verdad. Y llegué a la conclusión entonces de que fuese lo que fuese, era lo único que nos podía salvar y concluir todo este caos. Y me puse a buscar. Y perseveré y perseveré durante toda mi vida hasta hoy. Pero dejé de decir la palabra, incluso de pensarla, por verla tan profanada, malentendida y maltratada en estos días que resultaba vergonzosa. Mas ahora recuerdo. Eso es, en efecto, lo que erijo: una teoría de la verdad. Y la verdad no es una máxima o una sentencia. La verdad es un sistema. Y en un mundo y una especie que se autodestruye por mentiras, sí, la verdad es lo único que nos puede salvar.

La tarea es titánica, pues llevamos trescientos mil años sin ella. Pero es. Y no hay nada más que se pueda hacer, y si lo hay, yo no lo veo. Mirar, he mirado. También llevábamos trescientos mil años sin ir a otros astros. Quién sabe. Quizás el día que cambiemos todo descubramos que era más fácil vivir conforme al mundo, y no contra él. Y miremos estos tiempos como algo inverosímil e incomprensible, cuando hicimos lo fácil más difícil. Yo al menos veo más fácil vivir en este mundo sin guerras, sin maltratarnos ni desolarnos, que de este modo. Y es nuestra elección. Quizás sea tan sencillo como desacostumbrarnos de lo que estamos acostumbrados, porque a lo que estamos acostumbrados es desastroso. Como despertar de un mal sueño. Quizás en algún punto nos hemos complicado y solo se trata de hacerlo más sencillo. Empecemos por ahí.

En síntesis: hay mucho que reconstruir. Dejad de pelearos, chupacharcos. Tenemos cosas que hacer juntos.

IV

PASADO

Poco tiempo después de que terminara el libro que contiene a este libro, en un monasterio benedictino en los páramos de los campos de Castilla, reuní los pensamientos y vivencias que a continuación relataré.

En un tren rupestre y destartalado me dirigía por los campos de Soria a un monasterio de la orden cisterciense a vivir, rezar, trabajar o lo que fuera que los monjes hicieran por ocho días, sin saber muy bien lo que me esperaba. El tren serpenteaba por un paisaje casi desértico. Por los desfiladeros desnudos y áridos, parecía que en cualquier momento lo podía asaltar una banda de bandidos del Oeste o moradores de las arenas. En los albores del otoño o las postrimerías del verano, aquellas tierras yermas y sin embargo cultivadas de cereal me suscitaban preguntas. Cuánto pan habrá brotado de las espigas de los campos baldíos. Baldíos pero labrados. Campos baldíos que alimentaron a tantas generaciones que los regaron con su sudor. Absorto en tales impresiones, rememoraba inmerso las causas que me llevaron a emprender tal expedición. En el tren, escribía.

> Todas las religiones tienen verdad, pues el ser humano es uno, y su fondo es uno. La exuberancia de las diversas formas nos confunde. En las

111

religiones, separar el malentendido de lo que es esencial es separar el trigo de la paja.

A eso vine, a separar el trigo de la paja.

Bajé del tren en una estación en medio de la nada y lo vi perderse entre los campos de Soria. Me quedé profundamente solo. Frente a mí, un puñado de casas de adobe rodeaban un monasterio monumental, sin nada más allá que aquellos campos y colinas, en una imagen imponente. Caminé con la mochila a la espalda hacia la mole de piedra. El suelo de la calle que conducía al monasterio estaba lleno de excrementos de borrega. Me asomé a un callejón que daba al campo y contemplé un numeroso rebaño con su pastor. Proseguí el camino y pronto me quedé clavado ante un robusto pórtico de piedra coronado con una estatua de Jesús con el brazo alzado bendiciendo al caminante. Era el punto de no retorno. El umbral. Las entrañas de la religión. He de admitir que me temblaban un poco las piernas. Tras un tiempo quieto atesorando el momento, crucé el umbral y llegué a una hermética y pesada puerta, donde pulsé el telefonillo. Me abrió el padre Enzo, vestido con su hábito blanco, una franja negra central y capucha picuda, y a partir de entonces me sentí en los adentros de otro mundo.

El padre Enzo me recibió amable y sobrio en palabras. Ascendimos por una escalera de mármol negro iluminada por una vidriera multicolor de la Virgen María hasta llegar en la última planta a la buhardilla que sería mi celda. Un acogedor y solitario habitáculo con un tragaluz cuyo halo cenital se posaba sobre un antiguo escritorio. Sobre el escritorio, junto a una Biblia y la Regla de la Orden de San Benito, un papel desvelaba mis horarios. Apenas tuve tiempo de ojearlos, pues el padre Enzo me indicó que le siguiera de nuevo. Aguardaba el abad.

Al padre abad, Isidoro, lo conocía sin conocerlo por correo, donde le conté con cierta ambigüedad mi vida de eremita y mi voluntad de aprender de ellos a estar más cerca de Dios. Aceptó acogerme y allí estaba yo, bajando tras el padre Enzo la escalera de mármol negro bajo la mirada de la vidriera multicolor de la Virgen. Al otro lado de una puerta, entre la claridad de un espacioso claustro, se erguía Isidoro, entrado en años, pero alto y corpulento dentro de su hábito, mirándome con una cálida sonrisa. Me tendió la mano y la bienvenida y me sugirió ir a su despacho a charlar un poco.

Nos sentamos en dos sillas dispuestas en el centro de la sala. Yo estaba nervioso, aterrizando, todavía tratando de asimilar dónde estaba. Comenzó a hacerme preguntas y lo confesé todo. Le hablé de Doñana. Le dije que, cuando dejé Doñana, el lugar de la ciudad donde más cerca sentía lo que sentía en las profundidades de las malezas salvajes era en las iglesias. Le conté de la vida en la montaña, de la choza, de la soledad. Que no estaba bautizado. Que mi familia era plenamente atea. Que no tenía educación religiosa. En realidad, me había metido allí sin ni siquiera saber persignarme, hacer la señal de la cruz en el pecho. Nada. Le dije que temía ser una nota disonante. «No lo serás», me dijo. De alguna manera nos comprendimos. Me tranquilizó y me dijo que no pasaba nada. Que hiciera lo que viera. Que si ellos se levantaban, yo me levantara, y si ellos hacían una reverencia, yo la hiciera. Que únicamente, al no estar bautizado, no tomara la hostia en la eucaristía, cosa de la que tampoco yo tenía ni idea, por cierto. Pero que por lo demás, hiciera y viviera exactamente como ellos y con ellos.

De repente sonó una campana. Era la hora del rezo. Los acontecimientos seguían precipitándose. Nos levantamos. El abad y yo andamos por el pétreo claustro y, justo después de expresarle mis últimas inquietudes acerca de ser disonante, abrió la puerta de la capilla y cruzamos súbitamente a un espacio de solemnidad y silencio.

La sillería del coro envolvía como una medialuna el altar, con cada monje en su asiento. El abad señaló uno de los asientos de madera del coro entre los monjes y dijo: «es tu sitio». Era de los lugares más visibles desde los bancos de los feligreses. Depositó un cuaderno en mis manos con las letras de los salmos, himnos y cánticos y, cuando parecía que la situación no podía ser más surrealista, se inició la liturgia.

La grandeza del mundo es demasiado grande para ponerla en palabras, y a veces estoy cansado de intentarlo. De repente estaba al lado del altar como uno más entre los monjes, cantando alabanzas al Señor o tratando de seguir el ritmo y el tono arduamente, levantándome de la sillería para flexionarme en reverencias, realizando gestos y signos rituales desconocidos al son de oraciones para luego volverme a sentar. Todavía no sabía ni qué estaba pasando. Hasta varias veces después de hacer en pie con los monjes la señal de la cruz no me percaté de que la estaba haciendo al revés.

El trance duró un tiempo indefinido y terminó la ceremonia. Los monjes, con gesto circunspecto, salieron de la capilla en ordenada fila, en silencio, y yo con ellos, pues en adelante todo lo que refiera que hacían los monjes era también algo que hacía yo.

El silencio del eco de los pasos en el pasillo del claustro de piedra lo inundaba todo. La meditabunda fila se encaminaba al comedor. Tras una oración, nos sentamos a la mesa. Unos monjes iban ofreciendo bandejas de comida modesta y real. No comían carne. Mientras los demás cenábamos, un monje se encargaba de leer en voz alta textos religiosos. Pero nada rompía el silencio y recogimiento. Terminé, fregué mis platos como me indicaron y al fin, tras esta eufórica llegada, regresé a mi celda a tratar de asentar lo vivido.

Me tendí en la cama y cogí el papel que contenía lo que serían mis horarios. Se leía lo siguiente:

Vigilias	5:00
Oración en la capilla	hasta 6:15
Lectio divina en la celda	
Laudes – eucaristía	7:15
Desayuno	después de Laudes
Tercia	9:00
Trabajo	9:30 – 13:00
Sexta	13:30
Comida – descanso	13:45
Nona	15:30
Estudio – lectura en la celda	
Vísperas	18:45
Cena	19:45
Tiempo libre	
Completas	20:45

No en vano leí más tarde en la Regla de San Benito, regla de la orden desde el siglo VI, que «la ociosidad es enemiga del alma». Según los horarios quedaba un oficio más antes de dormir. Completas. Al poco volví a la capilla entre la penumbra y el eco, y este último rezo, de luces tibias de velas en la oscuridad, me pareció, las veces que lo viví, el más hermoso del día. Pareciera en aquellos cánticos nocturnos como si en vez de afrontar los monjes el sueño y el dormir, mecidos por el ocaso, procesionaran plácidamente hacia la muerte. A una muerte serena, pacífica, casi anhelada. Y no era solo la atmósfera. Las letras y cadencias de los cánticos lo sugerían. La ceremonia era cerrada con el misterio de un canto gregoriano en la luz tenue.

Pero la muerte no venía y uno se acostaba y el día resurgía de nuevo. El día, la noche o sabe Dios qué, pues para el primer oficio desperté a las cuatro y pico de la mañana. Descendí la escalera negra bajo la vidriera hacia la capilla para rezar. Impresionaba observar aquellos hombres de rostros impasibles ataviados con sus hábitos, ritos y símbolos. Era como si no pertenecieran a este mundo.

Pasaron varios oficios de oración tratando de habituarme a cantar y alabar al Señor desde la sillería del coro, hasta que llegó la hora del trabajo manual. En la vida monástica, el trabajo aúna un sentido de autosuficiencia y realización espiritual. Yo también había aprendido en la montaña que si el trabajo intelectual o espiritual no se intercala con el físico, te acaba consumiendo.

«No vivimos para trabajar, trabajamos para vivir», me dijo el abad. Para vivir, dedicaban unas horas al día a elaborar mermelada. Mi primera jornada de trabajo en el monasterio me mandaron a la fábrica a pelar melocotones.

Acostumbrado ya solo a aquellos hombres con su halo sobrenatural, me sorprendió cuando empecé a conocer sus nombres. En la fábrica vestían de gorro y bata blanca, como trabajadores de una fábrica moderna. Pelado el cargamento de melocotones, el padre Francisco, Paco, me indicó que acompañara al padre Julio a cortar el tronco de un árbol que había caído bloqueando un sendero. De camino nos detuvimos en el taller a recoger las herramientas, donde el padre Félix, en chándal, martilleaba una cerradura con aspecto de herrero a la antigua usanza. Con las herramientas llegamos al ciprés caído, donde apareció el padre Julio, septuagenario, robusto, fornido y barbado conduciendo un pequeño tractor, del que bajó con un chándal curtido en mil batallas y una pedazo de motosierra. Trabajamos, sudamos y cumplidos los horarios, volvimos y seguimos rezando, ya de nuevo ellos con sus hábitos.

Algo había cambiado. Los imaginaba a cámara lenta con una música cañera de fondo dando golpes de martillo en el taller en chándal o cortando gruesos troncos con la motosierra, o cuando andábamos en grupo por los pasillos del claustro con sus sotanas ondeando en el ralentizado y musicalizado aire. Eran imágenes épicas. Los monjes proletarios. Eran hombres. Hombres buenos, sabios y espirituales, pero hombres. O eran monjes, pero antes eran hombres. Pertenecían a este mundo. Se humanizaron. Con el paso de los días no solo se humanizaron, sino que dejaron en mí perdurables recuerdos de afecto.

En tales rutinas se sucedieron los primeros días, tantas que no cuento porque me extendería demasiado. Canté y canté en la capilla atónito. Horas y horas, como pájaro en la primavera. *Ora et labora* era la regla. Oré y trabajé. Iba en busca del nexo común de las religiones. Más allá de apariencias e imágenes. Me cegué con la liturgia. Liturgia, liturgia y más liturgia. En estos ritos solo veía fórmulas, invocaciones, mitología, doctrina. En una misa, el abad rezó: «para los que celebramos esta eucaristía, que aumenta nuestros lazos de unión». El ritual cohesiona. Pero no veía más que eso. Quería distinguir la forma de lo universal y no veía más que forma. Solo dogma.

La soberbia de una mirada que se cree prístina es tierra fértil para el prejuicio. En la trampa del prejuicio todos podemos caer. Los llamé en mi pensamiento *fanáticos*. Me senté en la celda y dejé anotado:

> El cristianismo ha perdido mucha profundidad religiosa. Es la hipertrofia del dogma.

Sin saber que ese texto sería tachado en el cuaderno tras los acontecimientos que sucederían.

Tras unos primeros días en el monasterio, el abad me esperó a la entrada de la capilla tras una misa para invitarme a charlar un rato en su despacho. Al entrar en la sala, estaban las dos sillas enfrentadas de nuestro frenético primer encuentro. Mientras nos sentábamos, me preguntó qué tal los primeros días. «No sé si ha pasado mucho o poco tiempo», le dije. «Es una sensación usual aquí», me dijo. «Tiene que ser curioso aquí el paso del tiempo. De los días, los meses y las décadas», proseguí. «Bueno, es una vida con sentido», me respondió. A los diecinueve años, el abad empezó a estudiar medicina con el sueño de ser médico en África. En una excursión acampó en el monasterio y le arrebató un sentimiento tal, que decidió quedarse. Ya su cabeza era cana y rondaría los sesenta años. Y hablaba con pasión de la vida en el monasterio. De una vida con sentido.

Hablamos de Dios, del tiempo, de mi ausencia de bautismo, de su vocación, de oración y meditación, de la vacuidad del materialismo. Eran conversaciones tan intensas que sentía fuertemente cómo bombeaba la sangre por mi cabeza tratando de retenerlo todo. En lo que hablamos latía un denominador común al que desembocaban los caminos. Pronto comprendí que el hecho religioso estaba atravesado por grandes sentimientos de amor.

El abad era un erudito y un hombre profundamente espiritual. Hablaba de la vida espiritual como un enamorado de su amada. Creo que lo estaba. A raíz de una cuestión que le hice sobre cómo acercarse a Dios, me habló de los grados de amor según san Bernardo. El primer grado es el puro egoísmo. El segundo grado es amar por lo que lo amado nos da, por lo que recibimos de él. El tercer grado de amor según san Bernardo es amar a Dios no por lo que nos da o nos quita, sino por lo que es. Por la grandeza de lo que es. Y el cuarto grado de amor es amar a Dios no ya a través de nosotros, sino a través de Dios mismo. Estos grados de amor pueden aplicarse a Dios o a un ser amado, como se ve. A todo lo que implique amar.

El sol de la conversación aparentaba su cénit y se levantó aún más. Pues le propuse la idea de Jesús como reformador, como rebelde respecto a la antigua ley del Antiguo Testamento. Y me lo negó. Jesús no había reformado, me dijo. Solo lo había hecho más sencillo. No era una ruptura, sino una síntesis.

La ley judía regía la vida diaria de aquel tiempo con un sinfín de normas de comportamiento, tabúes y prohibiciones que iban desde qué era impuro o puro comer, qué tipo de telas se podían vestir o qué rituales hacer, o que uno quedara impuro al tocar un cadáver o a una mujer menstruando. O que no fuera lícito curar en sábado. Su cumplimiento estricto lo vigilaban intérpretes de la ley y fariseos en nombre de Dios. Jesús curó a un enfermo en sábado, miró a los fariseos y les dijo: «si a uno de vosotros se le cae al pozo el burro o el buey, ¿no lo saca en seguida, aunque sea sábado?».

Los intérpretes de la ley, para ponerlo a prueba, preguntaron a Jesús sobre los mandamientos. Él respondió que solo eran dos. Todos los mandamientos se encierran en dos: amarás a Dios sobre todas las cosas y al prójimo como a ti mismo. De estos dos mandamientos depende toda la ley y los profetas.

Esto me impactó mucho. Volví a la celda y taché lo que antes escribí. Ahí permanece tachado en el cuaderno, dando testimonio de que el prejuicio se manifiesta de muchas formas y siempre acecha. Era curioso porque, justo antes de la reunión con el abad, había dejado también escrito en el cuaderno:

> Hasta ahora, las religiones han dicho: primero el dogma, luego todo lo demás. Pero es al revés: primero todo lo demás, luego el dogma.

Lo conversado me cuadraba demasiado. Había aprendido que ese «todo lo demás» era el amor. Jesús lo había expresado de forma perfecta hacía dos milenios. Primero el amor, luego la ley.

La religión es el sentimiento de amor llevado a su grado sumo de trascendencia. Con el paso de los siglos, las religiones sedimentan capa por capa la tradición, como el lecho de los ríos o los estratos de las ciudades históricas. Hasta que el conjunto crece tanto que es difícil distinguir el fondo del ornamento.

Por qué la humanidad se ha centrado en el dogma y no en la sustancia, Dios lo sabe. Es más fácil malentender que entender. Pero muchos problemas esto ha causado. Suficientes. Puede negarse todo y separar aún más a la humanidad. O afirmarse todo y unificarla.

El dogma es lo relativo. Lo malentendido. Que cada religión examine la veracidad de su revestimiento. Pero no importa. Lo que importa es lo que subyace. Y lo que subyace es unión y amor. Debajo del dogma se oculta lo universal. El ser humano es uno. El sentimiento de amor es uno. El sentimiento de trascendencia es uno. Y aquello hacia lo que se siente también es uno. Este último aspecto no entra aquí, y ya lo dejé expresado en el primer libro. Pero he de retomarlo pronto. Dije allí que Dios es el nombre poético de lo real. No sé si va a bastar una vida para comprender todo lo que quiero comprender.

Pensaba cómo sería aplicar esto a todas las religiones. Incluso al propio cristianismo. Pues hasta ahora ha sido: primero la ley, luego el amor. Pero desde ahora debe ser: primero el amor, luego la ley. Que cada uno adore a Dios en la forma que mejor sienta. Pero sabiendo que la forma no es lo más importante. Y sabiendo qué es lo más importante. Este es el más grande mandamiento.

Tales ideas meditaba y escribía envuelto en pétreos muros medievales. Macizos sillares de piedra del siglo XII que son apariencia y pasarán. Como todo, excepto todo. Los hallazgos en el monasterio manaban en tres direcciones, como tres caños de una fuente. Una dimensión antropológica, una filosófica y otra introspectiva.

En lo humano, el conocimiento de mi persona iba esclareciéndose por el monasterio, y el de las personas que en él moraban iba esclareciéndose en mí. El padre Vicente contaría mil años. De aspecto enano, rechoncho y encorvado, con gruesas gafas y tres pelos en la cabeza, recorría lentamente los pasillos abovedados apoyado en su bastón, paso a paso, con perseverancia. Y llegaba siempre a todas partes. Verlo acercarse con lentitud y redondez de caracol encapuchado con su hábito blanco y negro era como una aparición mística. Siempre que pasaba por mi lado me arropaba con una amplia sonrisa en su arrugado rostro y un comentario ingenioso. Me preguntó cómo me llamaba. «¡Ah! ¡qué bonito nombre! Necesitamos más gente del Antiguo Testamento», exclamó lenta y felizmente. Estaba algo sordo. Otra vez me paró en la entrada del comedor y se me quedó mirando sonriendo. Tras unos lentos gestos con las manos en el aire alrededor de mi alocada cabellera, soltó: «te queda muy gracioso. Cada pelo en su sitio».

Al padre Luis lo ayudé un par de veces en la lavandería, de la que se encargaba, doblando sábanas. Hombre sencillo y agradable. Me recordó algo un par de veces que, casualmente, había pensado y escrito unos días antes de viajar al monasterio.

> Ama a Dios y al prójimo como a ti mismo, se dijo.
> Por tanto, para poder amar a los demás hay que poder amarse a uno mismo.

De estas charlas se fueron extendiendo noticias por el monasterio de que yo había tenido cabras y vivía en la montaña como ermitaño. Así como mi ausencia de bautismo, y algunos sugerían con extrañeza que lo resolviera algún día. «Si me bautizara en una religión, tendría que bautizarme en todas. Y son demasiadas», pensaba yo. El padre Julio, que se sentaba al lado mío en el coro y me orientaba con las libretas de los salmos y cánticos, se interesaba sobre cabras y la montaña. En la eucaristía, al darnos la paz con un fuerte y viril abrazo, me susurraba: «la paz sea contigo, cabrero» o «la paz sea contigo, ermitaño», y demás variantes con las que me hacía reír.

El padre Félix se encargaba del mantenimiento. Taller, maquinaria, jardinería o embotellar la mermelada. Hacía de todo. «La vida es fácil, pero el ser humano es difícil», me dijo. Alguna vez había ido a ermitas perdidas en el monte a morar unas semanas en retiro espiritual. Años atrás había cultivado un exuberante huerto en el monasterio y fantaseaba con volver a plantarlo. «Al padre Félix le gusta soñar», decía el padre Francisco mientras pelábamos melocotones. «Pero nos hacemos viejos. Ya no podemos con tanto. Y cada vez somos menos». El padre Félix seguía soñando y se le iluminaba la cara al describir el huerto que volvería a hacer.

Y así, estos buenos y apacibles hombres contaban unos diecisiete en el monasterio. Todos con canas. El único cuya cabeza no era blanca era Ronnie, que había dejado El Salvador para entrar directamente en el monasterio con diecinueve años. Parecía convencido. La cara con la que reaccionó cuando le dije que nunca me había confesado, cosa que al principio creyó que era broma, me dejó estupefacto hasta a mí. El más anciano era el padre José, con noventa y seis años. Miraba a aquel grupo de hombres en hábito cisterciense y pensaba que veía un mundo que se extinguía. Por pura estadística y matemática. No había reemplazo. En unas generaciones, no tantas, este mundo, su conocimiento y tradición desaparecerían tal y como lo conocemos y se conoció por siglos.

En lo filosófico, apuntalaba lo ya escrito, que escribía entonces allí. En la capilla, mientras cantaba y rezaba en uno de los oficios, leí en uno de los cuadernos de salmos y cánticos un versículo de la Carta a los Romanos de san Pablo: «Amar es cumplir la ley entera». Ahí estaba todo.

Respecto a mi alma, entre lo contado traslucía un poso de agonía. El tormento de un desamor todavía no consumado, pero que la introspección dentro de aquellos muros no hacía más que agravar como inevitable. Desesperé mucho en aquella soledad. Aun lejos del mundanal ruido, el ruido tronaba en mi interior. Una bella historia se aproximaba a su fin. No tardó.

Anochecía y amanecía, pero pasó mucho más tiempo del que cabía en esos días. En los últimos, el abad volvió a reclamarme para conversar en su despacho. Volvimos a la sala de las sillas enfrentadas. Una vez más sentía la sangre bombeando en el cerebro. Hablamos de san Agustín, de san Juan, de la parábola del buen samaritano, de la Biblia como lectura alegórica. El abad me dijo que había algo dentro de mí. Que no sabía si yo lo sabía, pero que había algo dentro de mí. También, que yo le había dado la vuelta a un tópico que él creía, algo que se solía decir y que yo había invertido. Pero no era el momento de que yo lo supiera, al parecer. Todavía sigo esperando.

En la cúspide de la conversación formulé una pregunta que traía pensada. Confiado e ingenuo, le advertí que iba a ser una pregunta difícil. «Dios y el resto de religiones que han existido y existirán. ¿Cómo se concilia?». No dudó ni un instante. «La semilla de Dios está puesta en el corazón humano desde el inicio. Todas las religiones participan en la verdad». Quedé asombrado ante la claridad y concisión de la réplica. La religión es un hecho universal. No hay pueblo en ningún tiempo de la historia que no haya ritualizado religión. Sería hasta extraño pensar que, habiendo creado los pueblos en el fondo algo tan semejante, veneraran algo distinto. La forma depende de la cultura y tradición que a cada uno le ha tocado. El fondo es universal. «Si yo hubiera nacido en la península arábiga, seguramente sería mahometano», me dijo el abad.

Entonces estiró el brazo para alcanzar un libro de una vieja estantería de madera labrada. Me lo mostró por la portada. «¿De qué color lo ves?», preguntó. Contesté el color. Dio la vuelta al libro y me mostró la contraportada, que miraba hacia él, de otro color. «Yo lo veo de este otro».

Con este simple ejercicio me expresó el abad con una sencillez pasmosa lo que yo llevaba pensando años. No deben unificarse. Tan solo debe descubrirse que ya están unificadas. Las religiones del mundo son distintos ángulos de una misma cosa, como un monte visto desde distintos lados.

Estas cosas, entre muchas otras, se pensaron y transcurrieron bajo el envolvente eco de las bóvedas de aquel monasterio. Ojalá la memoria fuera más clara, pero esto es lo que recuerdo y considero importante transmitir. Pues en poco tiempo pasó mucho. Y encontré lo que iba buscando.

En los momentos finales fui despidiéndome de los padres. El padre Julio dijo que me enviaría las oraciones de los padres del desierto, con las que me identificaría. Al abad me lo crucé rápido en el pasillo con prisa por una urgencia y la despedida fue breve. No pasa nada, porque sé que nos volveremos a encontrar. Con el padre Vicente tuve una última conversación a solas en el comedor. Poco antes me enteré de que él y el padre José habían pedido ese día al abad que les diera la extrema unción. Sentía que le quedaba poco tiempo en este mundo, expresó pacífico. Y me dijo: «voces hay muchas. Entre todas ellas, escucha la más penetrante. Esa es». La despedida fue muy dura. A diferencia de los otros, que sabía que algún día volvería a ver, sabía que nunca más volvería a ver al padre Vicente. Es de las personas más entrañables que he conocido. Que la tierra le sea paz.

La jornada de mi partida desperté de madrugada para rezar, como de costumbre, y cantar en el coro mis últimas Vigilias. Luego del largo trance de cánticos, se abría un periodo de meditación personal. Cada monje se dispersaba a su propio rincón y modo. Unos se distanciaban en la capilla hacia los últimos bancos de las esquinas, otros se arrodillaban en el suelo, otros utilizaban un pequeño banquito de madera. Otro simplemente se ponía la capucha picuda y permanecía quieto en la penumbra en su asiento del coro, imagen que en la sombra y claroscuro de esas horas ni el último día dejó de impresionarme.

Tras orar salí de la capilla y traía decidido asomarme al claustro antiguo a modo de despedida, ya que nunca lo había hecho de noche. Crucé el silencioso pasillo y abrí un gran portón. El claustro era esplendoroso. Una joya arquitectónica. Una galería de piedra sostenida por columnas y arcos apuntados rodeaba el patio cuadrado y ajardinado. La galería tenía dos plantas, una primera gótica y la segunda plateresca. Yo estaba en la segunda. No había una sola luz ni un sonido. Solo la torre del campanario de la iglesia rasgaba la noche estrellada. Las estrellas se apilaban nítidas contra la oscuridad. Arrobado por este espectáculo y por el sentimiento de que me despedía de algo vivido que había sido importante, desde el claustro de columnas alcé los brazos al cielo y dije «gracias». Y justo en el momento exacto en que lo dije, una luminosa estrella fugaz bajó por la constelación de Orión, sobre el campanario nocturno. Es inexplicable, pero no puedo hacer otra cosa que contar que así fue.

Tras unos oficios más, ya a la luz de la mañana, eché mi mochila a la espalda y partí al mundo exterior. En pocas calles me planté en la marginal estación de tren. Había una señora que se había alojado unos días en la hospedería. «Nunca he visto tanta mundanidad en el mundo», puntualizó sobre nuestra era. Como una serpiente mecánica, el tren apareció reptando por los campos de Castilla. Subimos. El vagón era solitario y todavía no había gran contraste. Atravesé en tren los páramos.

De repente bajé en Madrid, en una marejada de gente. El ruido era ensordecedor. Al fondo se clavaban tres rascacielos como pirámides del capitalismo. El contraste era brutal. Así que, como el choque entre la clausura del monasterio y la gran metrópoli era demasiado grande, sin salir de la estación cogí otro tren y me bajé en otro templo. El Museo Arqueológico Nacional. El templo de la historia. Dejé la mochila directamente en la taquilla y estuve hasta que cerró.

En realidad, en el museo pasé tres días, mañana y tarde. El primer día apenas pude salir de la prehistoria. Me cobijé en casa de mi amigo Charly, un piso selvático con las paredes llenas de plantas. Tantas horas pasaba en el museo, que Charly me mandaba mensajes preocupado diciendo que volviese o me iba a explotar el cerebro.

Con las horas, empecé a ver la exposición no como un conjunto de reliquias históricas, sino como un conjunto de historias personales. Cada objeto tuvo un uso cotidiano y un dueño que lo utilizó por última vez sin plantearse que siglos o milenios más tarde otros lo miraríamos con extrañeza. Un hacha pulimentada de piedra, un punzón de hueso, un cazo de cerámica, un molino de mano, una hebilla de cinturón. Como si los objetos cotidianos de cada uno de nosotros se expusieran en el futuro con insólita expectación. Cuáles eran los pensamientos de la persona concreta que utilizó la lasca de sílex, qué anhelaba, con qué sufría, con qué soñaba, en qué sentía la belleza del mundo. Fueran cuales fuesen, eran tan complejos como los nuestros. El museo se llenó de humanidad.

Asimismo, en aquel templo combatían el olvido las religiones del pasado, dioses y mitos que se extinguieron. El primitivo laberinto que encierra a la historia humana. Seguía las ramas en busca del tronco común. Separar lo particular de lo universal, eso es descifrar. Yo no puedo descifrarlas todas, pues no tengo ni tendré el conocimiento suficiente de cada una de ellas. Mas la unión hace la fuerza. Qué más da monoteísmo, una trinidad o un panteón. El politeísmo, a través de la multiplicidad de los elementos y fuerzas de la naturaleza y el espíritu humano, alcanza igualmente el sentimiento de trascendencia. Esa es la cuestión. El sentimiento de trascendencia es el mismo para todos los seres humanos.

Los que pintaron con ocre los bisontes del techo de la cueva de Altamira. Los que tallaron en alabastro ídolos oculados en la Edad del Cobre. Los que modelaron y pintaron las cerámicas griegas de figuras rojas con escenas mitológicas. Los que iluminaron con pigmentos dorados y azules manuscritos de versos del

Corán entre motivos vegetales y geométricos. Los que esculpieron cristos crucificados románicos en marfil. Todos sentían lo mismo. Como en el presente. El ser humano es uno.

Dadas estas consideraciones y tras tres días en el museo en los que acabé exhausto, la aventura tocaba su fin. Con una última curiosidad inesperada. Un atardecer nos echamos Charly y yo a pasear por la Casa de Campo, una insospechada isla verde en el corazón de la ciudad. En este bosque se empalizaba el zoológico. En un tramo bordeando la valla había un hueco en el seto. Nos asomamos y, entre todos los animales que podía haber, se giró y me clavó la mirada un gran lince ibérico, símbolo de Doñana. En medio de Madrid. «Es tu signo», me dijo mi abuela. Había mucho que procesar. Algo había clareado en mí. Arrastrado por el bullicio del hormiguero humano, requería la quietud necesaria para asentarlo. Era el momento de volver a casa.

Volví a la montaña, ordené los pensamientos y vivencias y redacté los papeles. Sobre el brillante oro de las ascuas mucho se escribió. Tentado a pensar, quizá, que sin la escritura lo vivido se pierde en la soledad, como el humo de la chimenea de una choza perdida en la montaña en un día de lluvia. Y aun así, sobre lo escrito, en el cielo del otoño, humo ascendente. Eso somos.

V

SOBRE LA FERTILIDAD DE LO IMPOSIBLE

Así como la montaña no es habitable por su escarpado terreno, no fue habitable la filosofía: pero yo he visto pueblos con casas colgantes en la roca como pájaros, si el ser humano quiere. También he visto que, siendo uno, nos creemos muchos, y miramos a semejantes como extraños. O como enemigos. Cómo nos masacramos por barreras y cosas que no existen. Cómo nos aplastamos por codiciar banalidades que nos dejarán vacíos. Enloquecidos hasta tal punto de estar cerca de la destrucción del mundo. Y ya basta. Pues también he visto bondad, desinterés, altruismo, honestidad, honradez, imaginación, sabiduría. He visto millones queriendo hacer un mundo mejor y no pudiendo o no sabiendo cómo. He visto en mi interior el reflejo de toda la humanidad y es hermoso. Y lo he visto en cada uno de nosotros. Y no me creo que, siendo capaz esta humanidad nuestra de todo esto, no seamos capaces de superar un simple malentendido. No lo creo ni lo creeré.

Porque de eso es de lo que se trata, de un simple malentendido. No es más que eso. Transmitido de generación en generación desde que el ser humano es humano. Forzando a la historia a repetirse una y otra vez. Y si bien es sorprendente que fuerzas tan incontrolables se hayan desatado de algo tan pequeño, también cambiando algo tan pequeño vendrá su liberación.

La cuestión es simple y ardua. El malentendido se combate exponiéndolo. Sacándolo de los escondrijos y reductos en los que se atrinchera. Pues solo sobrevive oculto. Se lucha comprendiéndolo, vislumbrándolo. Unificando todo lo que parece dividido. Empezando por uno mismo. En nuestro interior late arraigada la simiente de los males del mundo. Arrancándola de nosotros se arranca de raíz. He ahí la importancia. En la medida en que cada hombre porta dentro a la humanidad entera, superando su propio malentendido libera a la humanidad entera. En cuanto cada uno de nosotros llevamos dentro a toda la humanidad, quitando el malentendido de nosotros lo quitamos del mundo.

Bajo el mundo en que vivimos hay un sistema. Bajo el sistema hay creencias. Bajo las creencias hay valores. Bajo los valores hay sentimientos. Lo más hondo del malentendido original atañe a las emociones y sentimientos más profundos arraigados en cada uno, desde el principio de la historia personal de nuestras vidas. En esas profundidades es donde se transmite y se rompe la cadena. Eso es lo que hay que cambiar. La crisis de la humanidad es una crisis de sentido. Una crisis espiritual. La raíz del cambio que necesita la humanidad reposa, en el fondo, en estos términos. Una vez cambiado eso, se podrá cambiar el resto. Pues todo depende de eso, todo es un reflejo de eso, todo se construye sobre eso. Empecemos por el principio esta vez. Mucho tiempo se ha intentado construir la casa por el tejado. Hay que reconstruir los cimientos.

En la experiencia de mi vida he comprobado con sorpresa cuánto le gusta a la gente decir «eso no es posible» o «no lo conseguirás». Y aún más sorprendente es imaginar cómo sería la historia si se hubiera escuchado a esa gente. No se hubiera domesticado el fuego, ni domado y montado animales, ni mucho menos construido templos con bloques de piedra tan gigantes que demuestran que la fe mueve montañas. Jamás se hubiera circunnavegado el globo, ni subido cúspides, ni explorado el universo, ni realizado grandes descubrimientos, ni nada en el arte que atravesara milenios. Por la rebeldía de ir más allá todas las cosas fueron hechas, y sin ella nada de lo que ha sido hecho, fue hecho. Frente a cualquier gran gesta siempre hubo una gran multitud exclamando que no se podía. Y se equivocó. Qué pensarían nuestros ancestros cazadores-recolectores paleolíticos si les contáramos los imperios que vendrían, o los habitantes de los imperios si les contásemos la globalización actual. Jamás lo creerían o nos tomarían por locos. Pues bien, la globalización ha supuesto al fin las condiciones materiales para la universalidad del hombre. ¿Imposible? Eso ya se ha dicho antes. Lo imposible se ha redefinido en la historia una y otra vez. No hay nada más fértil en la historia que lo imposible.

A pesar de todo, yo también dudo. No me son ajenas las crisis de fe. Para nada. Frecuento abismos en lo hondo. A veces me vence la pena. Pero la esperanza no es un don, es un trabajo. Una labor. No se ostenta, se labra. La esperanza es, ante todo, una lucha. Hemos de recrearnos en la belleza del ser humano, que la hay y es mucha. Que cada uno encuentre sus razones. Que cada uno encuentre lo que le inspira. Pues hay suficiente grandeza en el ser humano como para decidir luchar por él. Como para recordar que vale la pena. Como para amar, pues no se lucha por lo que no se ama. Amar es también sufrir con la humanidad y por la humanidad. De sentimientos de amor nace la necesidad de transformación del mundo.

Quizás este libro desaparece como si nunca hubiese existido, como la frase que se olvida antes de anotarla. Pero yo lo escribí para perdurar. Y para que perdure porque cambió algo. Si este acaba siendo uno de esos libros que lo llenan a uno de hermosas palabras tras las cuales no ocurre absolutamente nada, habrá fracasado. Temo las palabras vacías. En el mundo ya hay demasiadas palabras vacías. No quiero que las mías lo sean.

Quizás solo haya sido un sueño. Pero qué sueño tan necesario. Sobre todo si nadie lo sueña. Solo sin esperanza dejará de haber esperanza. Solo si luchamos y vemos el mundo como lo que puede ser, lo acercaremos a lo que puede ser. En apariencia jamás se vivió una época más desesperanzada y confusa como la que estamos viviendo. Pero yo os digo que el mundo entero está esperando una señal. La gente de todo el planeta mira al cielo desorientada. La humanidad está esperando una chispa en torno a la que unirse. Seamos la chispa.

FIN DE EL MALENTENDIDO ORIGINAL

8.2.

DE VUELTA EN LA CHOZA

Entre un libro y otro pasó el tiempo, las cabras se desterraron por no podérseles aplicar las leyes de la física, la burra que contenía a mi futuro hijo burro se despeñó por la ladera y aquí seguimos Luciérnago, Pícaro y yo como monjes de este monasterio, o lo intentamos. Después de casi dos años con cubos y garrafas y sin agua corriente llegó el futurista invento de la civilización. La más absoluta opulencia. Algo antes pasé un breve lapso en la civilización por destrozarme la rodilla al caerme montando a pelo un burro indómito precipitándose por la ladera de una montaña. Pero empecemos desde el principio.

Todo comenzó tras un mes leyendo en la choza la primera parte del *Quijote*, la obra más sublime de la literatura universal. Y me pasó leyendo el *Quijote* lo que le pasó al Quijote leyendo sus libros de caballerías.

El día que lo terminé de leer venía mi hermano pequeño, Leo, de visita. Justo antes de que llegara cerré el libro extasiado, memorizando un párrafo de aquel pasaje en el que sus paisanos enjaulan engañado a don Quijote para llevarlo de vuelta a la aldea. Unas taberneras, que él ve como doncellas que lloran su desgracia, se acercan para burlarse de él, y él les dice:

No lloréis, mis buenas señoras, que todas estas desdichas son anexas a los que profesan lo que yo profeso, y si estas calamidades no me acontecieran, no me tuviera yo por famoso caballero andante.

Con estas palabras forjadas a fuego para siempre en la memoria, cerré el libro y recibí a mi hermano. En sus visitas acostumbramos a patear buenas expediciones por el monte. Campo a través. Lejos de los caminos. Esta vez le dije que nuestra ruta subiría por las cimas de las montañas. Subiendo entre los montes por la empinada ladera, yo le advertía cual prudente mentor: «Leo, la montaña hay que respetarla. Un resbalón, un despiste, puede ser la diferencia entre la vida y la muerte».

Apartando matorrales y saltando vallas llegamos a un campo en la parte más alta de un monte. Y, de repente, apareció un burro. Se acercó suavemente a nosotros hasta que pudimos acariciarlo. A partir de ahí los acontecimientos se precipitaron. Solo sé que sin pensarlo miré a mi hermano y le dije: «¿lo monto?». Y al siguiente instante estaba ya montado a pelo sobre el lomo del burro indómito. Había calculado mal. Alrededor nuestro parecía que la cima era medio llana. Pero pocos metros más allá la ladera bajaba con una inclinación mortal. Y a ese abismo corrió al instante el burro conmigo arriba agarrado a su crin. Una ladera empinada, frondosa de encinas, con un suelo sin matorral y resbaladizo de hojarasca. Todavía, si cierro los ojos, siento el estar arriba de aquel burro abismándose por la ladera. «Se acabó», es lo único que se me pasó por la cabeza. Iban a recordarme como el que se mató así. Si me tiraba por la ladera, era muy posible que mi cabeza se estampara contra una encina, y era el fin. Si aguantaba, nos dirigíamos a unos riscos al final del valle, contra los que la inercia me podía volcar.

En un acto reflejo me tiré antes. Lo próximo que recuerdo es rodar por la ladera tras una peripecia por el aire y a mi hermano pequeño, de trece años, corriendo y gritando hacia mí: ¡¡Noééééé!!

Salí vivo por la gracia de los dioses. Pero mi rodilla derecha quedó destrozada. Con mi hermano como muleta conseguimos descender aquel monte y llegar a la civilización. Los médicos que examinaron la resonancia magnética me llamaron extrañados para consultarme. «¿Por favor, puedes decirnos cómo te has hecho esto? No es una lesión, sino varios tipos de lesiones diferentes». Se lo conté, ante su incredulidad. El diagnóstico fue ligamento cruzado pendiente de un hilo, ligamento colateral distendido, microfracturas en hueso y edema óseo. Mi rodilla ya no es lo que era. Pero he redescubierto el bipedismo, como el agua corriente o la luz eléctrica.

Aquello significó un tiempo de reposo, rehabilitación y fisioterapia, que se tradujo en un tiempo en la ciudad, en casa de mi hermano Leo y Miriam, su madre, como hacía mucho tiempo que no pasaba. El breve lapso en la civilización fue muy interesante para tomar el pulso al signo de los tiempos. Recuerdo una noche en el barrio de la Alameda con un grupo que era o jugaba a ser la vanguardia intelectual. Observaba más silencioso de lo que acostumbro. «Yo he hecho una película sin imágenes», dijo uno. «Yo he decidido leer un libro al día porque dedicar mucho tiempo a la lectura me parece un acto elitista», dijo otra. Incrédulo, le pregunté: «¿me estás diciendo que te lees la República de Platón en un día?». «No, porque yo no leo eso», me respondió. Al poco llegó un anciano mendigo. Tenía dos libros en las manos, que nos ofreció pidiendo limosna. Dijo: «no tengo casa ni tengo qué comer. Pero duermo debajo de una farola para poder leer por la noche». Me pareció la parábola de un evangelio.

La civilización me regaló un bello romance, por el que mereció la pena caer de un burro. Ella me dijo que en unos meses partiría al norte. Yo le dije que nos suicidáramos juntos. Eso hicimos. Un suicidio emocional. Llena de hermosura, se atrevía a venir a la montaña, solitaria y sin agua corriente todavía. Con sus manos de uñas afiladas y coloridas portaba los cubos de agua para la casa. Su pelo moreno y ondulante era un pedazo de noche estrellada. Su piel era una reliquia tartésica. Sus curvas eran envidiadas por los meandros de los ríos y la curvatura de las galaxias. La quería mucho. Nuestros caminos se separaron. Ella se fue al norte. Yo tuve que quedarme para completar aquello que empecé. Aquello que por momentos maldije. Aquello que me rompió el corazón otra vez. Bajaría de la montaña con algo para el mundo. Y aquí sigo, escribiendo este papel con lágrimas en los ojos.

Algo se fraguaba en la montaña. El *Quijote* me hizo recordar la grandeza del lenguaje. Hacía años que no leía ficción. Me pertreché de novelas y obras maestras de la literatura. Y escribí este libro.

9

LA FUNDACIÓN DE UN MONASTERIO

Se cumplía entonces solo un año desde que vivía en una choza de piedra perdida en la montaña, con un arroyo como agua corriente y rodeado de animales. Miraba a mi alrededor, salía fuera y me quedaba contemplando la choza. Y pensaba que, a efectos prácticos, ya era un monje en mi monasterio. Entonces pensaba qué me faltaba para ser un auténtico monje en su monasterio: técnica y disciplina. Encontré un monasterio de meditación Vipassana con retiros de diez días de aislamiento total meditando diez horas diarias desde las cuatro de la mañana, en absoluto silencio. Esta gente lleva 2500 años entrenando técnica y disciplina, pensé. Así que allí peregriné, directo desde la montaña a formarme como ermitaño en su ermita. Si salía bien, podía ser un gran entrenamiento, y si salía mal, era la exploración de una tribu extraña.

La primera impresión del complejo arquitectónico cuando bajé del autobús era que tenía un aspecto algo prefabricado, entre lo oriental y la franquicia norteamericana. El entorno natural sí era hermoso. Entre la llanura circundante sobresalía solitario el monte Almanzor, el más alto de la Sierra de Gredos, que cubierto de nubes parecía el mismísimo monte Olimpo. Apenas dio tiempo a interactuar con la tribu antes del mutismo total, conocido en el microcosmos como el *noble silencio*. Compartía cuarto con Svet, suizo de tez morena que hablaba español con acento peruano y dormía con gafas de sol. Con Vladimir, ruso siempre vestido de blanco con cara y mano de mandarte a Siberia de un guantazo, al que no le hizo mucha gracia mi chiste de la regla mnemotécnica de su nombre con Vladimir Putin. Con Raúl, que me provocó algún ataque de risa. Con Miguel, bombero que rompía el noble silencio con inesperadas e inteligibles exhortaciones que vociferaba dormido en mitad de la noche ante nuestras atónitas miradas. Y con un transeúnte anónimo, criatura sigilosa oculta en el nido de lo alto de la litera. Todos y cada uno de ellos se turnaban para roncar como bestias, transmutándose en jabalís de trescientos kilos. Era una cosa estadísticamente impresionante.

El caso es que, al quinto día, como tampoco se podía llevar cuaderno y yo tuve la temeridad de obedecer, tenía ya memorizados un montón de párrafos perfectamente pulidos y corregidos sobre estas epopeyas que me arrollaban, porque es inevitable. Hasta tal punto que tanto párrafo en la memoria amenazaba con interferir en mis meditaciones. Urgía buscar una solución. Entonces, con la cabeza a punto de estallar, ¡eureka! Sobrevino una imagen cinematográfica y surrealista: acabé encerrado en los váteres de los baños públicos escribiendo sobre los rollos de papel higiénico. Cuesta imaginar lo bonito que queda un gran rollo de papel higiénico escrito en toda su circunferencia, cual extraño pergamino ancestral. Es casi una obra de arte. Retorné con una mochila llena de rollos de papel higiénico manuscritos que descifrar y ensamblar. Lo que se ha leído y lo que se leerá es la ordenada transcripción de esos rollos.

Pero aquel primer día todavía desconocía las berreas homínidas y los pergaminos de papel higiénico. Sin apenas tiempo de acometer los rituales sociales pertinentes con los compañeros, nos convocaron a la sala de meditación, tras lo cual irrumpiría el estruendo del silencio. En aquella gran sala diáfana de madera y luz tenue transcurrirían milenios. Era la auténtica sala del tiempo, una dimensión donde un día real dilata en un año de entrenamiento. En la penumbra de esta amplia sala meditábamos la mayor parte del día y parte de la noche y madrugada. También discurrían las lecciones del profesor, S. N. Goenka, hindú con carismático y casi métrico manejo del inglés, fallecido años atrás. Y no es que hablara desde el más allá, sino desde grabaciones.

Venía yo entonces rumiando desde hace más de un año la forma en que se comporta el sufrimiento, pues por circunstancias que ya se han contado sin contarse, el más desgarrador de mi vida venía enfrentando. Solo y aislado. En el abismo uno da vueltas y vueltas, piensa y piensa. ¿Y? Me sorprendió entonces la primera disertación del profesor: «si se viene a juegos intelectuales o divagaciones filosóficas, este no es el lugar. La técnica no es una técnica intelectual, sino experimental». Esto encajó de tal manera con las inquietudes que arrastraba, que terminó de comprometerme en esta aventura hasta las últimas consecuencias. Que son las primeras.

La técnica se atisbaba sencilla. Consistía en afilar la atención respecto a las sensaciones del cuerpo. Contemplarlas tal y como son, sin más, por mundanas que se considerasen. Primero solo la respiración, para lo cual me ayudó pensar que no está compuesta de inhalación y exhalación, sino que es una ondulación constante, como una huella de víbora en las dunas. De ahí progresó a mantener la atención sobre las sensaciones de una pequeña franja del cuerpo entre el extremo superior de la nariz y la comisura de los labios. Las sensaciones podían ser cualquiera: calor, frío, frescor, cosquilleo, entumecimiento, picor, transpiración, presión, pálpito, dolor. La enseñanza radicaba en que todas comparten la misma naturaleza: la impermanencia. Surgen y desaparecen. Son efímeras. Ninguna sensación dura para siempre. Llegan y pasan, como animales salvajes. Además, añadiría que comparten también la inexistencia. Su naturaleza también consiste en habitar solo la imaginación, atrincheradas como impulsos nerviosos.

Además, y no menos fundamental, se explicaba que la causa del sufrimiento no son las sensaciones en sí, sino el cómo reaccionamos a las sensaciones. Se distinguen dos tipos de sensaciones: agradables y desagradables. Resulta obvio que las desagradables causan sufrimiento. Producen aversión. Al no querer sentirlas, y sentirlas, se sufre. Con las sensaciones agradables es algo más sutil, pero igual. Por un lado, el deseo. Desear lo agradable y que no acontezca, es causa de sufrimiento. Por otro, el apego. No querer que lo agradable nos deje nunca. Y como la impermanencia es inexorable, se sufre. No son, por tanto, las sensaciones agradables o desagradables la causa de la ventura o la desdicha, sino cómo se reacciona a estas. Las sensaciones, solo sensaciones son.

Con la última luz del cuarto día, cuando confiaba en que empezaba a dominar lo que creía que era la técnica, el profesor dijo que había llegado el momento de desvelar la técnica. Lo recorrido hasta ahora no había sido más que un entrenamiento introductorio. La piedra de Sísifo se despeñó una vez más.

La técnica era la siguiente. Mover la atención, desde la cabeza a los pies y desde los pies a la cabeza por todas las partes del cuerpo, observando cada sensación, es decir, cualquier cosa que se experimente a nivel físico. Sin verbalización o visualización alguna. La realidad del momento tal y como es, no como se quisiera que fuera. El epicentro del ejercicio es lo que llaman ecuanimidad. No reaccionar. Dado que la causa de la miseria son las reacciones y no las sensaciones en sí, la cuestión es permanecer ecuánime observándolas, casi con curiosidad y asombro, como un científico con su probeta.

La piedra sobre la que se edifica tal técnica la llamaban el *firme convencimiento*. Permanecer cada vez sentado una hora en posición meditativa sin mover ni un solo músculo ni parte del cuerpo. Si alguien me contara antes de aquello lo que puede doler permanecer sentado una hora en tal postura, no lo creería. Solo una vez en mi vida había sentido náuseas de puro dolor físico, cuando padecí un cólico nefrítico, catalogado como el dolor más intenso que existe, a la altura del parto, huesos rotos o heridas de guerra. La segunda vez que sentí náuseas de puro dolor físico fue en el primer firme convencimiento, que completé hasta el final.

Inducir al dolor y permanecer ecuánime. Se combatían batallas titánicas. Era durísimo. Física y mentalmente. La sala del tiempo contuvo épocas y eras. Pero en la épica me crecía. Encontré justo la radicalidad que andaba buscando. Hasta las últimas consecuencias. En realidad, no era más que una forma intensiva y brutal de condicionar el patrón de comportamiento de la mente, canalizar sus surcos. La sencillez, lógica y trasfondo científico de tales ideas me resultaba de gran belleza. Al final, que esto se le ocurriera a una persona hace 2500 años y que contuviera la perspicacia de sistematizarlo y transmitirlo para que llegue hasta hoy, solo puede definirse con uno de los términos más venerables e insólitos que ha parido el ser humano: genialidad. Como la doma del fuego.

Diez días despertándose a las cuatro de la mañana, meditando diez horas diarias, en estricto silencio, se dice pronto. Son milenios. Significa casi todo el tiempo meditando. No era *ora et labora*. Era *ora et ora*. En los escasos ratos libres, unos se entretenían superponiendo piedras y palos unos sobre otros, otros tiraban bellotas a una diana imaginaria, otros miraban las hormigas. Yo me entretenía observándolos. Me lo pasaba muy bien. Era una fauna muy rica. Debo decir que, sobre todo en la liviandad de los últimos días, me daban unos ataques de risa casi incontrolables. Observaba algo que me hacía gracia, me entraban ganas de reír y, al no poder y percatarme del absurdo de mi situación en medio del noble silencio, me hacía aún más gracia. Hasta llegar al punto de descojonarme y tener que taparme la nariz retorciéndome para no estallar en públicas y prohibidas carcajadas. Más de uno se pensaría que estaba loco o que me estaba dando un ataque epiléptico.

Por otro lado, el yacimiento de rollos de papel higiénico manuscritos seguía aumentando. Todo esto lo escribí también sobre el rollo de papel higiénico. «Descubierta esta técnica ilegal, no creo que sea el último rollo de pergamino posmoderno que escriba aquí», auguró el primer rollo. Luego, al salir del cuarto de baño y llegar a la sala de meditación con todos serios y solemnes en silencio esperando en la puerta, por poco no me descojonaba delante de todos regocijándome de mis fechorías. Todo esto también lo escribía así. Y así sucesivamente.

Es importante resaltar que todo el personal que hace funcionar el monasterio son servidores voluntarios. Es decir, los que nos hacían y servían la comida, los que limpiaban los váteres, los que cuidaban el jardín o los asistentes de los profesores eran gente que acudía diez días o más a hacer un trabajo voluntario desinteresado. Lo cual me parece un ejemplo. Hablar es fácil. Eso son hechos. Yo quiero ser como ellos. Les agradezco a todos su altruismo y generosidad. Alguno, como Andrés, llevaba nueve meses. Hay que decir también que todo, incluyendo los diez días de alojamiento, la instrucción o la comida son dados sin pedir nada de dinero a cambio. Es financiado mediante donaciones voluntarias de estudiantes antiguos. En un mundo de impostores y estafadores, me pareció un signo de autenticidad.

Como acudí a explorar sin ninguna información ni expectativa previa, la doctrina también me sorprendió gratamente. Lo único que asumía es que debía ser una rama del budismo, transmitida, por tanto, por monjes. La sorpresa que me encontré fue que aquello aspiraba a ser laico. Incluso los profesores eran laicos, con pelo y señoras esposas. Digo que aspira, y no que lo es, porque no carece totalmente de rituales y creencias. Pero casi. Los rituales se reducen a algunos cánticos, sobre los cuales advierten el primer día que no se tomen como rituales. Las creencias se reducen a puntos como la reencarnación, que en la práctica quedan relegados a algo insignificante, apenas nombradas. Y, si lo son, de pasada y como algo optativo. Todo se centra en aprender una técnica, nada más. En palabras de Goenka, el profesor: «comprender nuestro sufrimiento es universal. Cuando generas ira no hay una ira inglesa, hindú, budista, americana o rusa. Ira es ira. Miseria es miseria. Es universal. Entonces, el remedio debe ser universal».

Avanzaba la epopeya y me consolidaba en el dominio de la técnica. Al comienzo es inconcebible. Pero cuando uno siente dolor físico agudo, y puede observarlo con la serenidad y la curiosidad del que estudia algo asombroso, siente casi un superpoder. Nada se reprime. Está ahí. Pero se observa como ajeno, con objetividad y extrañeza, tal y como es. Con la confianza de que, sea lo que sea, pasará, pues esa es su naturaleza, pasar. Lo que se siente una vez dominada la técnica es como un Jedi utilizando la fuerza. El lado luminoso de la fuerza. El poder del lado oscuro lo descubriría más tarde.

Pronto se sucedieron los éxtasis. Caudalosos y crecientes éxtasis. Alcancé un estado tal, que la noche del quinto día, acostado en mi celda, pensé que era el mejor día de mi vida. Al día siguiente, aunque todo amaneció igual, con el paso de las horas algo no encajaba. Indagué, indagué e indagué. Hasta que, al fin, como a una bestia colosal e indómita, contemplé mi ego.

Aquel día por poco no me vuelvo loco. Tanto me aturdió, que me volqué en dividirlo y diseccionarlo, como átomos en ígnea fisión nuclear. Vagué por cada paraje de la vida en el que se manifiesta el ego. Acabé horrorizado. Cualquier asunto, por altruista y filantrópico que pareciese, camuflaba el ego. Por todas partes. Qué bestia tan descomunal e hipertrofiada. Todos los grandes problemas de mi vida provenían del ego. Soy un adicto al ego, un yonqui del ego. Del deseo, el apego, la aversión. Todos lo somos en alguna medida. Pero yo más. Yo más, es la letanía. Un buen chute de ego es mejor que la heroína. Pertenezco a una dinastía deególatras lastrada de generación en generación. Ya es hora de romper la rueda.

En el centro de semejante vórtice, comprendí lo sucedido. Al ego le encantan los éxtasis. Cada vez veo más que los demonios y tentaciones de las travesías por el desierto que los eremitas han descrito son los éxtasis. Con los éxtasis el ego engaña. A mí me engañó. Se siente magnánimo y beatífico. Se disfraza de gloria, de gracia, de compasión. El ego se alimenta incluso de vencerse a sí mismo. Le encanta. Es una lucha épica. «Qué grande seré cuando me libere del ego», dice el ego. Es un veneno con muchos trucos. También nos separa del mundo. Pero no se le vence luchando, sino observando. Simplemente, observando su ridiculez. Pues el ego no es amor hacia uno mismo. Es aversión hacia uno mismo. Es quererse solo desde fuera. Por eso siempre quiere más y más, porque nunca se siente suficiente.

Durante toda mi vida el ego me ha hecho creer que me era imprescindible, que me era imposible vivir sin él. Ahora entiendo que solo nubla y distorsiona la mente, y así también su creación. Incluso mi obra. Sé que hay pureza en mí, porque he llorado por lo escrito por la humanidad y se me ha roto el pecho en la soledad del invierno. Pero también hay afán de gloria y grandeza. Hasta que mi obra no sea puramente altruista, no será lo que debe ser. Una obra basada en el ego no es confiable. Queda mucho por recorrer. Mi obra, mi vida y mi persona deben basarse en la bondad. Esta es mi lucha contra los demonios, mi travesía por el desierto. Se acabó. La guerra contra el ego ha comenzado. Tardará años o siglos, pero solo puede quedar uno.

La fuerza con la que estoy atado a las vanidades de este mundo es estremecedora. Vivo en una choza y no ambiciono cosas materiales y, sin embargo, todavía palpita en mí una sombra que codicia reconocimiento y alabanza. El orgullo y la soberbia anidan en mi corazón como el águila en el acantilado. Quizás ni de cosas materiales estoy tan desarraigado, a mi manera. El ascetismo está muy lejos. Predico mi soledad y a veces me aplasta insoportable y mendigo el amor y sensualidad de las mujeres. Trato de encomendarme a Dios y tantas ocasiones lo confundo con egocentrismo desbordante, tentaciones y demonios. Trato de amar al prójimo y todavía estallo de ira cual erupción volcánica, y me arrastran sentimientos tan denigrantes como celos, envidia o rencor. De prejuicios no ando exento. No ando exento de nada. No me idealicéis, pues solo soy un hombre y mis abismos son tan profundos como los de cualquiera. Independientemente de lo que escriba, eso es lo que soy.

Desde el ego escribo un libro para refutar el ego. Qué hipocresía. Y qué curioso. Cogió su propio camino, más allá de mi voluntad. Empecé escribiendo una oda al ego y acabó siendo lo contrario. Estoy muy cansado. Sincera y honestamente cansado. De alimentar esta mentira. De vivir avasallado por ella. De que me arrastre con fuerza portentosa. De luchar con mi ego contra el de nadie más. De la necesidad de demostrar estar por encima, del egoísmo, de la superioridad, de que todo tenga que tratar sobre mí. De tanta vanidad, de estar tan lejos de la verdad y el amor. Del peso de esta coraza. De tanto tormento. Pero qué difícil y desalentador es desprenderse de esta mentira, aun sabiendo que lo es. Por si no ha quedado claro, este libro en su final se refuta a sí mismo, como la vanidad de la persona que lo escribió.

Tiempo después, ya en la choza, me percaté de una última apreciación. El ego también es malentendido original. Y parte importante en la destrucción del mundo. Aquí confluyen los dos libros, el de mi persona y el de mi obra, como ríos antes del mar.

A partir del momento en que contemplé mi ego, todo en mi vida comenzó a moverse. Lo que pasó desde entonces es pronto para contarlo. En parte, está escrito por aquí ya. Llevo tiempo roto por dentro. Quizás toda mi vida. Pero estoy luchando. Puedo decir que, aunque la técnica es experimental, en aquel monasterio comprendí intelectualmente la raíz de mi sufrimiento. Puedo decir que me reconcilié con aquello con lo que me debía reconciliar. Encontré lo que iba buscando. Pero no fue suficiente. Solo un primer paso. Queda muchísimo por recorrer. Tiene pinta por lo visto hasta ahora de que será doloroso. El espacio entre el ego y el amor es un páramo desolado. Es el desierto. Atravesar el desierto es la noche oscura del alma. Algún día, quizás, escribiré con detalle lo que pasó allí. Pero hoy no es ese día. Todavía está demasiado cerca. Y cercanía es lejanía.

De vuelta en el monasterio, el último día ya se pudo hablar. La noble palabra. La situación era como un experimento sociológico. Durante diez días convivimos estrechamente una centena de personas sin hablar, juzgándonos únicamente por el aspecto, la indumentaria, la gestualidad. Conversar con los compañeros supuso una maravillosa colisión con lo prejuzgado. Resultó que Svet, el que dormía con gafas de sol, era hijo de madre judía y padre hindú y venía de estudiar medicina transcultural en las purgas con ayahuasca del Amazonas, nieto además del escritor Arnost Lusting, tres veces nominado al Nobel. Me contaba, según entendí, que su abuelo había sufrido el holocausto en los campos de concentración de Auschwitz y Buchenwald. Cuando lo transportaban a Dachau, campo de exterminio, el tren fue bombardeado por los aliados. Los nazis, con el tren a punto de descarrilar, rompieron a ametrallar a los presos. Su abuelo saltó con su compañero del tren y en la caída su compañero se partió una rodilla. Su abuelo se lo echó a hombros y juntos caminaron desde Polonia, donde estaban, hasta la actual República Checa, donde se salvaron.

Oleg era un ucraniano que me contaba la injusticia y el sinsentido de la guerra. Javier, de Fuerteventura, estudiante experimentado, me contó que le asaltó una duda existencial tremenda. «Si todos los seres humanos consiguieran erradicar el deseo, ya no habría deseo sexual, por tanto ya no habría procreación». Pidió cita, angustiado, con el profesor. Este se le fue por las ramas. Reímos y exclamamos: «¡qué maravillosa extinción sería!» Cuando le expliqué cómo vivía, me miró algo escandalizado y exclamó: «¡¿que te has ido a vivir solo a la montaña sin ningún tipo de control mental?!». Resultó que la criatura anónima y sigilosa del nido de lo alto de la litera del cuarto era Jack Brown, estupendo y elegante caballero inglés de Newcastle, que se fue feliz porque le desvelé los misterios de poder decir en su acento de lord «me cago en la leche». Y así fueron brotando una miríada de seres humanos fantásticos. Me despedí diciéndole a Vladimir «adiós, *tovarishch*» («camarada» en ruso), y esta vez sí le hizo gracia.

Volví directo a la montaña, escuchando a todo volumen «I, me, mine» de los Beatles, compuesta por George Harrison tras retiros parecidos. Allí cavilaré sobre rocas y ramas, riscos y riberas. El ermitaño ya tenía su choza. Quizás la choza algún día tenga su asceta. Y, en definitiva, lo que es más importante: el monasterio está en uno mismo.

Lo aquí escrito todavía no se ha conseguido y queda lejos.
Monasterio Dhamma Sacca, octubre de 2022
Sobre rollos de papel higiénico.

10

EL HORIZONTE

Siempre dije que escribiría mi autobiografía al final de mi vida, cuando escribiera todo lo que tenía que escribir. Los caminos del arte son inescrutables. La inspiración, como el agua, busca sus caminos. De poco sirve interponerse. Soltado este lastre, he de encomendarme plenamente al compromiso que me he impuesto. Desde este final veo la magnitud del camino que queda por delante. Termino este libro y me doy cuenta de que no es el final de un camino, sino el inicio. Tendré que recordar en él que no hay nada más valioso en estos tiempos oscuros que la esperanza. Que nadie cambió la historia sin creer que podía cambiarla. No sé si llegaré a recoger los frutos de los árboles que estoy sembrando, pero los planto.

Por momentos me dolía escribir la parte autobiográfica mientras el mundo se cae a pedazos. Pero me pudo la certeza de que ese era el camino. En realidad, esto no es una autobiografía, es un libro de relatos. Aquellos que suelo contar oralmente. Los episodios más compactos, elípticos, circulares. Redondez que deja mucho fuera. Queda mucho por contar. Recuerdos sutiles, amores y desamores, delitos inocuos pero ingentes que aún no han prescrito. Si mi vida tiene segunda parte, puede que este libro la tenga. O puede que no. Me aterrorizaría vivir el resto de mis días pensando cómo voy a escribirlos en una segunda parte. Qué impostura sería vivir para escribirse. Lo que no olvidaré es el fin para el que se fragua todo esto. Sé muy pocas cosas. Pero lo poco que sé es importante. He tenido que contaros mi historia para que escuchéis, insensatos.

Se pueden decir muchas cosas, pero no que no haya luchado. Que ante los golpes que asestan las rocas y troncos de la contracorriente, nunca me he rendido. Que a pesar de las frecuentes caídas en las que a veces he acabado malparado, siempre me he levantado. He vivido algunas cosas extraordinarias. Pero en general, creo honestamente que no es tan importante el cómo son las cosas que se viven, sino el cómo uno las vive. Ahí reside la fuente de toda aventura. En que *aventura* puede ser cualquier cosa.

En esta era de frenesí me detuve a pensar. No sabía lo que ocurriría después. No sé bien qué depara el devenir. Como todos los que me precedieron, siento que mi destino es trágico. En realidad, ya no es que, como Sócrates, solo sé que nada sé. Ya es que, como decía Senén, ya ni sé si nada sé. Incluso eso dudo. Luego atisbo el estado del mundo y veo que no queda otra que creer y luchar. Al final, solo sé que esto se ha escrito desde una choza solitaria para la historia o para nadie. Y que la soledad es más inmensa que la noche. Puede que aquí haya algo o puede que no. Pero es lo que he venido a hacer a este mundo. No me quedaba otra que andar el camino hasta las últimas consecuencias.

Esta es mi vida y obra. Soy mi propio historiador. Tengo treinta años. Solo es el principio. El horizonte es grande.

ÍNDICE

El Libro de Noé
de Noé Garrido Cobo
compuesto con tipos Montserrat
en créditos y portadillas, y DGP
en el resto de las tripas,
maquetado bajo el cuidado de Daniel Vera,
habiéndose encargado de la revisión ortotipográfica y
la corrección de galeradas Andrés Felipe Grajales
y con la conformidad de Raúl Alonso
como editor de mesa de la obra,
se terminó de imprimir
el 22 de diciembre de 2024.
Ese mismo día de 1849
el escritor Fiodor Dostoievsky
es indultado ante el pelotón que iba a fusilarle.

LAUS DEO